Apprendre à lâcher prise

en 35 leçons

Yvane

Frédérique Van Her
Marie-Laure Cuzacq

Apprendre à lâcher prise

en 35 leçons

EDITIONS ESI

Sommaire

- Introduction 9
- Qu'est-ce que le lâcher-prise ? 10
- Les principes du lâcher-prise 16
- Lâcher quoi ? 21
- Pourquoi lâcher prise ? 26
- Les attitudes à adopter 32
- Comment faire ? 37
- Lâcher prise dans le corps 42
- Faire taire le mental 47
- Se débarrasser des pensées négatives 53
- Travail d'investigation 58
- Se remettre en question 63
- Connaître sa vraie nature 69
- Revisiter ses émotions 74
- La colère 79
- L'envie 85
- La culpabilité 90
- L'anxiété 95
- La peur 101
- La souffrance 106
- Couper les liens 111
- Les obstacles 117
- Avoir le courage 123
- Transformer son attitude 128
- Prêt à lâcher prise 133
- Vivre l'instant présent 139

■ S'alléger 144
■ Être 149
■ Sentir le flux 154
■ Aimer davantage 159
■ Un apprentissage tout au long de la vie 164
■ Vivre dans le lâcher-prise au quotidien 170
■ Être présent à soi-même 175
■ S'ouvrir, se relier 181
■ Changer 186
■ À faire régulièrement 191
■ Conclusion...196

TESTS

■ Acceptez-vous le changement ? 15
■ Votre attitude face aux problèmes 31
■ Dans quel temps vivez-vous ? 52
■ Que montrez-vous de vous ? 68
■ Quel type de colère vous caractérise ? 84
■ Êtes-vous sujet aux angoisses ?..100
■ Quelles sont vos relations avec vos parents ?..116
■ Vous et votre ego 122
■ Quel créatif êtes-vous ? 138
■ Êtes-vous ouvert à l'inconnu ? 169
■ Écoutez-vous votre corps ? 180
■ Résultats des tests...197

Introduction

Face à la vie stressante que nous menons, il est parfois difficile de nous sentir bien. Nous devons mener de front une vie sociale, professionnelle et familiale et il est souvent bien compliqué de prendre du temps pour se retrouver. Nous dépensons beaucoup d'énergie à vouloir tout contrôler, tout maîtriser. Nous sommes parfois inquiets, tendus, agités, débordés, fatigués. Peut-être est-il temps de nous occuper un peu de nous-mêmes et de vivre la vie qui nous correspond. Essayons de retrouver notre calme et notre sérénité : lâchons prise !

Mais qu'est-ce que le lâcher-prise ? Ce guide fournit les clés nécessaires pour comprendre et mettre en pratique cette notion ; il permet aussi bien à ceux qui souhaitent approfondir le sujet qu'à ceux qui le découvrent d'étudier en détail ce que le concept du lâcher-prise recouvre et implique. Il apporte notamment des réponses aux questions suivantes :

- Comment définir le lâcher-prise ?
- Quelles sont les étapes nécessaires pour lâcher prise ?
- Quels sont les obstacles au lâcher-prise ?
- Quels principes devons-nous appliquer au jour le jour ?
- Quels moyens et outils avons-nous à notre disposition ?

Ce guide se veut utile et pratique. Il peut aussi bien être lu de bout en bout que de façon ponctuelle en piochant des informations dans les différents chapitres. Tout y est expliqué simplement et les méthodes, si elles sont appliquées, facilitent grandement l'accès au lâcher-prise.

Qu'est-ce que le lâcher-prise ?

« Il faut faire éclater la coquille pour voir ce qu'il y a
à l'intérieur. »

Maître Eckhart

Témoignage

« Pour moi, le lâcher-prise est un outil qui m'aide à vivre mieux. J'essaie de le mettre en pratique quotidiennement mais ça n'est pas si simple. Je l'ai compris grâce à la lecture d'ouvrages mais j'ai mis un peu de temps à assimiler ce concept. Si je devais donner une définition, je dirais que c'est l'art d'accepter toutes les choses que la vie nous propose. Mais, pour saisir le sens du lâcher-prise, il faut l'appliquer. Il faut donc auparavant être dans une certaine démarche. Concernant ma propre expérience, c'est parce que ma souffrance m'était devenue insupportable que j'ai fait l'effort d'apprendre ce qu'est vraiment le lâcher-prise. J'avais alors des difficultés dans mon travail. J'étais attachée commerciale et je ne parvenais plus à atteindre mes objectifs hebdomadaires.

À chaque réunion, je vivais un véritable enfer. Mon supérieur me tenait pour unique responsable des mauvais résultats que j'obtenais. Il avait soin de mettre en avant mon incompétence. Il est vrai que mes collègues réussissaient mieux que moi. Néanmoins, je m'accrochais et j'essayais réellement de remporter davantage de contrats. Les semaines passaient et, malgré quelques chiffres encourageants, je ne parvenais toujours pas à obtenir des accords suffisants. Mon supérieur m'a alors posé un ultimatum : si dans un mois je n'avais pas réalisé les ventes souhaitées, il serait obligé de me licencier. La pression était forte. Comme je suis d'une nature plutôt optimiste, j'ai foncé, en me disant que j'allais y arriver ! Mais ça n'a pas été le cas. La dernière semaine, j'ai enfin compris que je n'y arriverai pas. La veille de la réunion, en désespoir de cause, je n'ai pas travaillé. J'ai marché. J'ai traîné dans les rues de la capitale, la tête vide. Je ne savais plus quoi faire. J'ai appelé une amie, qui m'a dit "si tu n'y arrives pas, c'est peut-être que tu dois faire autre chose". Ça a été le déclic. Dans le même temps, j'ai ressenti un immense soulagement. J'allais me libérer de ce travail. Elle avait raison. Pourquoi est-ce que je m'évertuais à faire ce métier qui ne me plaisait pas vraiment ? Il fallait que je cesse d'y tenir et envisager un emploi différent. Il fallait que je lâche prise pour m'ouvrir à un avenir plus intéressant. J'ai passé la soirée à discuter avec mon amie qui m'a confié un livre sur le lâcher-prise. Depuis, j'ai effectivement changé de profession et je me sens nettement plus heureuse. »

Céline, 38 ans

Un peu de théorie

Un puissant levier du changement

Le lâcher-prise est une notion complexe. Bien que le terme même lâcher signifie laisser, il met néanmoins en œuvre un changement. Il s'agit de laisser ou plus exactement de « cesser de tenir, de serrer », nous dit le Petit Robert.

Pour donner une définition du lâcher-prise, disons que c'est l'action qui consiste à laisser de côté ce qui nous empêche d'aller bien.

En lâchant prise, nous nous ouvrons et accueillons le nouveau. En procédant de cette façon, nous nous engageons vers une vie plus heureuse, en meilleure adéquation avec qui nous sommes.

Un moment opportun

Il arrive un point culminant où il nous faut abandonner les choses qui n'ont plus lieu d'être. Nous nous sommes agrippés désespérément à ce que nous tenions, mais à un moment donné, il nous faut reconnaître que cela ne sert à rien. Certaines choses sont dépassées et nous empêchent d'évoluer.
En effet, lorsqu'une situation nous semble intenable et que nous traversons une sorte de chaos intérieur, c'est qu'il est temps de lâcher prise.

Une attitude qui soulage

Le lâcher-prise ne se voit pas puisqu'il agit au niveau de l'esprit, mais il se ressent. C'est un voyage à l'intérieur de soi qui, à force de courage et de volonté, permet d'abandonner ce qui nous fait souffrir. En lâchant prise, tout ce que nous subissions disparaît. Nous nous allégeons du poids de cette douleur.

Le véritable détachement

Lâcher prise, c'est renoncer à nos résistances intérieures. En général, quand les choses ne vont pas très bien, nous nous acharnons encore plus pour que rien ne change. Par exemple, votre compagnon veut aller vivre en province alors que vous venez de perdre votre emploi. Au lieu d'en discuter tranquillement avec lui et de voir quel genre de travail vous pourriez effectuer ailleurs, vous allez vous entêter à penser que vous devez absolument rester au même endroit afin de retrouver un poste similaire.

Découvrons notre véritable nature

Si nous sentons que nous nous acharnons, c'est forcément que nous luttons contre notre nature. L'effort que nous éprouvons indique que nous nous trompons. Nous faisons fausse route. Il ne sert à rien de se crisper sur la chose que nous voulons absolument conserver.
Le lâcher-prise, c'est arrêter d'agir dans le « mauvais » sens pour que notre véritable nature s'épanouisse.

Renoncer, c'est lâcher prise

Le lâcher-prise est une technique ancienne qui fait partie de la sagesse orientale. Ainsi, pour les bouddhistes, le lâcher-prise s'apparente au renoncement. Cet état d'esprit conduit à la paix intérieure. Ils considèrent que faire, avoir et devenir occupent une grande partie de notre vie. Ce sont des distractions qui nous éloignent de notre nature essentielle. Y renoncer nous libère et nous permet d'emprunter le chemin qui mène vers soi.

Le Wu Wei, le lâcher-prise taoïste

Pour les taoïstes, l'art du lâcher-prise est le Wu Wei, qui se traduit par le non-agir ou l'absence d'effort. Cela ne veut pas dire ne rien faire mais plutôt œuvrer de façon juste, en accord avec une force qui nous dépasse. Lorsque l'attitude vraie est atteinte (une combinaison du vouloir et de l'intention), l'action peut se réaliser.

À RETENIR

Le lâcher-prise est un processus

C'est une démarche qui consiste à abandonner ce qui nous fait souffrir. Tant que nous résistons, le lâcher-prise ne peut s'effectuer. Moins nous avons de freins, plus il est facile de mettre en œuvre le lâcher-prise.

Lâcher prise, c'est cesser de donner raison à ce qui nous tourmente

Si nous réalisons que nous donnons de l'importance aux choses qui ne le méritent pas, nous avons fait un grand pas en direction du lâcher-prise.

Le lâcher-prise est un acte de la conscience

C'est en réalisant que la situation que nous vivons est indésirable, que nous pouvons entreprendre de l'abandonner.

Le lâcher-prise vient de l'intérieur

Même si l'événement qui nous trouble se situe à l'extérieur de notre personne, c'est notre façon de le considérer qui est en jeu. Il nous faut alors modifier notre perception.

Le lâcher-prise ne signifie pas résignation, ni soumission

L'acte apporte au contraire de la joie et du bien-être. Se défaire des liens qui nous emprisonnaient ne peut être que libérateur et bienfaisant.

Modifions nos habitudes

Lâcher prise, c'est permettre de changer nos habitudes, celles qui nous limitent ou nous font souffrir.

Acceptez-vous le changement ?

1) Au restaurant, votre plat préféré est en rupture de stock :
A. Pas grave, ça vous donnera l'occasion de changer !
B. Tant pis ! Vous choisissez autre chose.
C. Vous ne prenez jamais deux fois la même chose !

2) La vieillesse, vous la voyez comme :
B. Une abomination : vous l'acceptez très mal !
A. Une fatalité : on n'a pas le choix !
C. Vous n'y pensez jamais à vrai dire.

3) Votre fils de 17 ans ne part pas en vacances avec vous :
C. Vous pourrez enfin vous reposer sans prise de tête.
B. Vous essayez de le convaincre quand même de venir.
A. Vous comprenez, il préfère partir avec ses copains.

4) Vos parents divorcent après 35 ans de mariage. Vous pensez :
C. Enfin ! ils pourront vivre leur vie pleinement.
B. À leur âge ? Ils n'ont pas peur ?
A. Si c'est la meilleure chose à faire… tant pis.

5) Vous recevez une promotion au travail. Vous ressentez :
C. De l'excitation et de la joie !
A. Du soulagement !
B. De l'angoisse : serez-vous à la hauteur ?

6) Quand vous voyez vos enfants, vous pensez plutôt :
B. Hier encore, ils étaient mes petits bébés…
A. Ils font leur vie et c'est normal…
C. J'ai plutôt bien réussi à les rendre autonomes.

7) Votre quotidien serait plutôt :
A. Une succession d'événements.
B. Un rituel réglé comme du papier à musique.
C. Jamais deux fois le même de préférence.

8) On a changé la disposition des rayons au supermarché :
C. Vous furetez à la recherche de nouveaux produits.
A. De toute façon, ils changent tout le temps !
B. Vous pestez : vous commenciez à vous habituer !

9) Votre linge a déteint et votre pull préféré est devenu rose.
B. Vous le jetez : vous le préfériez gris.
C. Cool : un nouveau pull sans faire de shopping !
A. Vous le mettez quand même pour sa texture douce.

10) Vos anciens vêtements, qu'en faites-vous ?
A. Vous les revendez petit à petit.
C. Vous les donnez.
B. Vous les gardez, on ne sait jamais.

11) Question sexe…
B. Vous connaissez ce qui marche : pourquoi changer ?
A. Vous acceptez de vous prêter à des nouveautés.
C. Vous essayez souvent de varier les scénarios.

12) Quand vous allez chez le coiffeur :
C. Vous aimez changer de tête régulièrement.
B. Vous demandez toujours la même coupe.
A. Vous essayez de correspondre à votre âge.

Les principes du lâcher-prise

« La vie est un mouvement ; plus il y a vie, plus il y a flexibilité ; plus vous êtes fluide, plus vous êtes vivant. »

Arnaud Desjardins

Témoignage

« Je travaillais en tant que chef de projet informatique dans une petite structure. L'ambiance était très décontractée et nous avions vraiment des bonnes relations entre collègues et membres de la direction. Chaque année, nous avions même un ou deux repas organisés par les dirigeants pour que nous puissions nous connaître mieux (certaines personnes exerçaient sur les sites clients). Bref, l'ambiance était plutôt chaleureuse et fort agréable. Mais, un jour, nous avons appris que la société allait être rachetée par un groupe renommé dans le secteur. Nous allions changer de lieu de travail pour intégrer les locaux de la nouvelle compagnie. Nos habitudes allaient être fortement modifiées puisque nous devions exercer dans un open space. Fini la tranquillité de nos petits bureaux. Outre l'aspect physique, il faut noter aussi les transformations de nos façons de travailler. L'organisation allait être différente, plus encadrée, avec des exigences de résultats plus formels. Autant dire que toutes ces modifications n'enchantaient personne. Nous étions réticents car nous n'avions pas décidé ce changement. Il nous restait à accepter ou à refuser. Pour ma part, changer de lieu ne me gênait pas vraiment, j'allais même gagner du temps sur la durée des transports. Par contre, le fait d'être davantage contrôlé ne m'enchantait guère et j'étais assez hostile à l'idée de partager la même pièce que 50 autres personnes. Nous avions trois mois pour

réfléchir et accepter ou non de faire partie du groupe. Certains ont changé d'employeur. D'autres, comme moi, ont pesé le pour et le contre pour finalement accepter. J'ai essayé de modifier mon attitude. Après tout, cette expérience pouvait être enrichissante, j'allais connaître davantage de monde et peut-être avoir l'opportunité de travailler sur des projets plus intéressants. Petit à petit, j'ai vu les bons côtés et j'ai intégré la nouvelle équipe assez joyeusement. C'est en changeant mon point de vue que j'ai pu accepter cette nouvelle entreprise. »

Christophe, 34 ans

Un peu de théorie

Rien n'est permanent, tout est en perpétuelle évolution

Un des principes du lâcher-prise est de prendre conscience que chaque chose, chaque être évolue sans cesse. Nous ne pouvons pas arrêter le temps. Chaque personne change. Nous nous transformons physiquement, intellectuellement, émotionnellement, tout au long de notre vie. Il en est de même pour tout ce qui nous entoure : les plantes, les animaux, le vent, la pluie. Les objets aussi se modifient, ils se patinent, se cassent, sont recyclés. Il ne sert donc à rien de s'attacher à quoi que ce soit puisque tout se transforme.

Acceptons le changement

Comme tout évolue, il est inutile de vouloir retenir ce qui est passé. De toute façon, quoique nous pensions, quoique nous fassions, les choses se transforment. Nous n'y pouvons rien. C'est la loi de la nature. Si nous refusons, nous allons contre la nature. En acceptant les transformations, nous sommes en accord avec l'ordre des choses. En général, nous refusons ce qui nous arrive parce que nous jugeons l'événement négatif. Comme Christophe, qui, lorsqu'il a appris le rachat de sa société, a tout d'abord vu tout ce qui l'ennuyait, à savoir travailler dans un open space et fournir des résultats. Au lieu d'avoir des réticences, il vaut donc mieux adopter tout de suite une attitude beaucoup plus ouverte et regarder ce que le changement peut nous apporter de positif. Ainsi Christophe a réalisé qu'il mettrait moins de temps pour se rendre au travail, qu'il allait faire des nouvelles connaissances et qu'il pourrait peut-être travailler sur des projets plus intéressants.

Acceptons tout ce qui arrive

Tout au long de notre vie familiale, professionnelle, sentimentale et relationnelle, nous sommes confrontés à des événements heureux et malheureux. Les premiers nous transportent de joie. Les seconds nous attristent et nous avons souvent la fâcheuse tendance à dramatiser la situation. Or, en lâchant prise, c'est-à-dire en acceptant la « difficulté », le malaise s'estompe pour faire place à la sérénité. Ainsi, lorsque vous apprenez que votre ami ne pourra pas se libérer pour aller en week-end avec vous, il n'est pas nécessaire de vous mettre en colère ou de lui faire une scène. Même si vous aviez très envie de partir, vous pourrez le faire plus tard. Profitez de votre temps libre pour prendre soin de vous. L'acceptation délivre de toutes les émotions et permet de changer son point de vue. Les choses paraissent plus simples. Tout se déroule parfaitement.

Nous ne pouvons pas tout maîtriser

Nous n'avons pas la capacité de changer le cours des événements. Notre culture occidentale veut nous faire croire le contraire, en nous faisant miroiter que nous avons le pouvoir de changer les choses, de guérir, d'être riche, etc. Si cela était vrai, nous pourrions échapper aux catastrophes naturelles, à la guerre, aux épidémies. Tous nos projets pourraient être réalisés facilement. Or, cela ne semble pas fonctionner ainsi. Avez-vous décidé d'être licencié ? Non. Reconnaissons que nous n'avons pas le pouvoir sur toutes les choses. Nous pouvons uniquement nous efforcer de faire de notre mieux.

Nous ne pouvons pas tout contrôler

Si nous nous accrochons désespérément aux choses, c'est parce que nous sommes persuadés que nous allons en venir à bout et en sortir vainqueur. C'est parce que nous avons l'illusion de contrôler les choses. Libérons-nous de cette pensée erronée. Nous n'avons pas de tels pouvoirs. Nous n'avons pas la capacité de diriger le monde. Nous avons nos limites. Admettons-le. En acceptant de ne pas tout contrôler, une ouverture s'effectue. La place pour d'autres événements se crée. Dans le même temps, le calme succède à l'agitation inutile du mental.

Accepter ne veut pas dire approuver

Votre frère ne peut toujours pas vous rembourser une somme d'argent qu'il vous avait empruntée voici six mois. Il vous avait pourtant promis de le faire et vous comptiez un peu dessus pour régler une note imprévue de plomberie. En acceptant que les choses ne se déroulent pas comme vous le pensiez, vous allez pouvoir résoudre votre problème autrement. Mais cela ne signifie pas pour autant que vous approuviez l'attitude un peu légère de votre frère. Vous êtes tout à fait en droit de lui faire remarquer que cela vous aurait facilité la tâche, s'il vous avait restitué votre argent.

À RETENIR

Accepter, c'est recevoir

Acceptons le changement. Au lieu de se bloquer sur un événement indésirable, et donc de le refuser, il est préférable de l'accueillir. D'une part, nous ne gaspillons plus notre énergie en nous énervant, et d'autre part, nous ouvrons un espace pour que les choses s'enchaînent de manière fluide.

Le calme accompagne l'acceptation

Pour vous rendre compte si vous avec vraiment accepté tel ou tel événement, observez si vous ressentez une sérénité. Généralement, l'apaisement voire le soulagement font partie intégrante du processus d'acceptation. C'est donc très agréable.

Soyons indulgents avec nous-mêmes : acceptons nos limites

Ne soyez pas trop exigeant avec vous. Soyez réaliste et bienveillant avec votre propre personne. Vous ne pouvez pas tout faire. Ouvrez-vous aux résultats au lieu de vous acharner à en obtenir. De plus, en reconnaissant nos propres limites, il devient plus facile d'accepter celles des autres.

Restons humbles

N'ayons pas la prétention de changer le monde. C'est uniquement nous-mêmes que nous pouvons améliorer.

Lâcher quoi ?

« La volonté d'un homme est son paradis, mais elle peut devenir son enfer. »

Proverbe islandais

Témoignage

« Je viens de rompre avec Lisa, mon amie. Nous étions ensemble depuis 3 ans. C'est la deuxième fois que je vis une rupture vraiment douloureuse. Je réfléchis, j'essaie de comprendre pourquoi je ne parviens pas à rester en couple. Je ressens cela comme un échec. J'admets que je ne suis pas toujours de bonne humeur et que j'ai tendance à voir les choses de façon négative. Mais je fais des efforts. J'essaie de m'améliorer. Lisa me dit qu'elle en a eu assez de me voir lire dans le fauteuil, de ne pas vouloir sortir, d'être casanier. Mais je ne l'empêchais pas d'aller au restaurant avec ses copines. Je n'apprécie pas trop leur compagnie, et les dîners en tête à tête, je préfère les faire à la maison. Si j'aime être chez moi, est-ce une raison pour me quitter ? Je ne comprends pas. Je pensais que Lisa m'aimait suffisamment pour supporter mes défauts. Je me suis trompé... Voilà le genre de pensées que j'ai eu pendant un certain temps. Heureusement, mon ami Olivier m'a dit : "Arrête de te prendre la tête, lâche !". J'ai été surpris parce que c'est exactement ce que je faisais, je me prenais la tête. Sur ses conseils, j'ai essayé de ne plus penser et, effectivement je me suis senti mieux. La douleur a cessé. Mais ça n'a pas duré. Deux minutes plus tard, j'ai replongé dans mes idées noires. Je n'arrivais pas à faire taire ce flot de pensées. J'ai donc décidé d'examiner ce qui me

faisait souffrir. Je me suis posé toutes sortes de questions. Est-ce que j'étais incapable d'aimer ? Non. Est-ce que j'étais incapable d'avoir une relation ? Non. Je me suis alors demandé en quoi la rupture me gênait. Est-ce que je me sentais blessé dans mon amour propre ? Là, j'ai compris que je tenais une piste. C'était mon orgueil qui était touché. En fait, je me suis rendu compte que je craignais le regard des autres. Je ne souhaitais pas m'afficher seul. Je voulais montrer que moi aussi, comme la plupart de mes copains, je pouvais vivre en couple. J'ai été très surpris par cette prise de conscience. Du coup, je me suis aperçu que je n'avais pas vraiment aimé Lisa. Grâce à ce cheminement, j'ai réussi à lâcher, comme le dit Olivier. Maintenant je ne fais plus attention à ce que pensent les autres et j'essaie d'assumer ma solitude actuelle ».

Éric, 45 ans

Un peu de théorie

Les liens qui nous empêchent d'aller bien

Le lâcher-prise nécessite de rompre les liens qui nous attachent à notre malaise. Ces liens sont variés. Ils peuvent correspondre à des croyances ou à des habitudes de pensées dont il nous faut faire le deuil. Il peut s'agir de comportements dépassés et que pourtant nous nous acharnons à reproduire. Parfois ce sont les épreuves elles-mêmes qui semblent nous tenir ligotés. Pourtant, pour lâcher prise, il faut briser ces attaches car ce sont elles qui nous empêchent de nous sentir bien.

Nos liens ne nous protègent pas

Nous faisons le nécessaire pour conserver nos liens alors qu'ils nous empêchent de vivre pleinement. Plus nous insistons pour les garder, plus ils nous aveuglent et nous cachent notre nature profonde.

Abandonnons nos résistances

Il nous faut donc briser toutes nos chaînes. Certaines seront faciles à couper, d'autres nous demanderont beaucoup d'efforts. Tout dépendra de la valeur que nous attribuons à nos liens. Ainsi, Éric a beaucoup de difficultés à admettre sa rupture avec Lisa. Il tient à être en couple. Il va se torturer et se raccrocher à tous les éléments qui prouvent que son couple aurait pu fonctionner. Il résiste. Comme il refuse d'accepter la rupture, il revoit en détail son attitude passée. C'est lorsqu' il change d'attitude qu'il prend conscience de ce qui le fait souffrir : il a honte d'être seul. Voilà donc la vraie nature de ses liens. En le comprenant, Éric peut ainsi s'en défaire.

Relâchons nos tensions

Si nous voulons lâcher prise, il faut réaliser que nous tenons à quelque chose. Ce n'est pas l'objet qui est en cause, mais le fait de prendre. Lorsque nous prenons un grain de café et que nous l'enfermons dans notre main, c'est l'action d'enserrer qui doit cesser. Il nous suffit juste d'ouvrir la main. Il faut faire la même chose avec tout ce qui encombre notre mental : faire tomber les tensions pour nous détacher.

Qu'est-ce qui nous pèse ?

Parfois, nous devons nous débarrasser d'un poids. Ce que nous portons nous semble trop lourd. Par exemple, nous rendons visite à un parent parce que c'est notre devoir. Nous nous sentons obligés d'y aller. Nous nous imposons de le faire alors que personne ne nous le demande. Pourquoi se fabriquer une telle contrainte ? Est-ce vraiment nécessaire ?

Quelle est la nature de nos liens ?

Pour pouvoir se libérer, il faut connaître ce qui nous emprisonne. C'est une question de bon sens. Le problème c'est que nous avons pris des « mauvaises » habitudes et, comme pour toute accoutumance, il n'est pas aisé de s'en défaire. Le plus difficile est de s'apercevoir qu'il s'agit d'habitudes. Par exemple, vous vous levez chaque jour très tôt par crainte d'arriver en retard à votre travail. De ce fait, vous arrivez souvent avec quinze minutes d'avance. Comme vous êtes persuadé que vous pouvez être confronté à toutes sortes de contretemps, comme une grève ou un incident technique dans les transports, vous prévoyez toujours un temps supplémentaire. Quand vous réaliserez que votre crainte d'arriver en retard est liée à celle de vous faire réprimander par votre supérieur (ce qui n'est, dans le fond, pas si grave), vous pourrez changer de comportement. Pourquoi avoir peur ? C'est ridicule. De plus, votre crainte est infondée car vous ne savez absolument pas comment va réagir votre patron. Vous vous inventez des scénarios.

Nos liens sont fictifs

En effet, les liens qui nous retiennent sont des créations de notre esprit. Ils n'existent que dans notre tête et ne sont pas réels. Nous les avons élaborés et entretenus. Souvent, il suffit d'en prendre conscience pour les faire disparaître. Parfois, le travail est un peu plus long. Tout dépend de leur nature et de l'intensité de l'attachement.

À RETENIR

Réglons nos conflits

Notre malaise vient parfois d'un conflit intérieur qui a besoin d'être résolu. Si nous ne le faisons pas, notre mal-être reviendra. Il disparaîtra lorsque nous aurons saisi sa nature et décidé de nous en débarrasser.

Des efforts inutiles

Prenons conscience de l'énergie que nous déployons pour nous accrocher à notre malaise. Toute cette tension ou cette crispation montrent que nous fournissons des efforts alors que notre nature n'en a pas besoin. Nous respirons sans le vouloir. Nous sommes en vie sans le décider. Pour être bien, il est inutile de forcer les choses. Si nous nous tendons, c'est que nous ne sommes plus en accord avec nous-mêmes.

Deux forces contraires

La chose à nous défaire est celle que nous retenons. Plus nous avons de résistances, plus nous avons du mal à la laisser de côté. Nous nous acharnons. Nous sommes si certains de notre pouvoir ! Nous sommes persuadés qu'à force de volonté nous allons y arriver. Mais cela ne fonctionne pas ainsi. Il ne faut pas s'opposer à ce qui est mais l'accepter. Il faut suivre l'ordre naturel des choses.

Pourquoi lâcher prise ?

« Chaque jour possède son lot de pensées, de mots et d'actions. Vivez au diapason du jour. »

Rabbi Nahman de Bratslav

Témoignage

« Je suis divorcée et maman de deux enfants. J'ai eu plusieurs aventures sentimentales avant de rencontrer Marc. Nous nous voyons régulièrement depuis bientôt quatre ans mais nous ne souhaitons pas vivre ensemble, du moins pas pour le moment. Peut-être changerons-nous d'avis un jour. Nous essayons de prendre les choses comme elles viennent. Pour le moment, nous nous aimons et nous sommes très bien comme ça. Aujourd'hui, je vois les choses de façon optimiste. Je suis assez confiante. Mais il a fallu que je fasse un long travail personnel pour parvenir à cet état d'esprit. J'ai pris conscience que j'avais des attentes concernant ma vie affective. Je demandais beaucoup aux hommes. J'exigeais d'eux des choses qu'ils ne pouvaient pas me donner. J'avais besoin de preuves d'amour car je manquais terriblement de confiance en moi. Je doutais toujours de l'amour que les hommes me témoignaient. Je ne parvenais pas non plus à rester seule. Je voulais une présence masculine. Cela me rassurait. À force de réflexion et de prises de conscience, j'ai réussi, petit à petit, à me débarrasser de tout ce qui m'encombrait. J'ai réalisé, par exemple, que je ne me trouvais pas à la hauteur et que je souffrais d'un complexe d'infériorité. Je pensais aussi que les autres femmes étaient bien mieux que moi. J'avais donc une piètre estime de ma personne. Alors comment

les hommes pouvaient-ils m'aimer si je ne m'aimais pas moi-même ? Petit à petit, j'ai pris conscience que tout ce qui me faisait souffrir était faux. J'ai appris à me connaître au fur et à mesure que je m'allégeais. Je commençais à m'apprécier. Je me suis sentie en harmonie et je suis parvenue à m'aimer de nouveau. Aujourd'hui, j'apprécie ma compagnie et je me sens bien avec moi-même. Je recherche même à être seule. C'est pourquoi mon emploi du temps comporte des plages de solitude pour alimenter mon bien-être intérieur. Je n'ai pas besoin de faire des choses spéciales.
Il m'arrive parfois de rester dans un fauteuil sans rien faire, juste à contempler une plante ou un oiseau. J'éprouve simplement du plaisir à être avec moi. Je suis devenue très gentille avec ma propre personne. Quand je regarde en arrière, je souris. Toutes mes peurs et mes crispations se sont envolées. Je fais confiance à la vie. Mon état d'esprit a radicalement changé. Je suis plutôt sereine. J'accepte ce qui m'arrive. Je ne m'agace plus si mon lave-linge tombe en panne par exemple. Je fais simplement le nécessaire pour qu'il soit à nouveau en état de fonctionner. C'est certainement grâce aux changements que j'ai effectués que j'ai pu rencontrer Marc, avec qui je m'entends si bien. Lui aussi a su lâcher prise. »

Valérie, 48 ans

Un peu de théorie

Les effets sur le corps

Lâcher prise permet de se détendre. Les tensions disparaissent. Le corps, lui aussi, est soulagé. La respiration est calme, régulière. Il suffit d'écouter son corps pour s'en apercevoir. Le lâcher-prise entraîne immédiatement un bien-être corporel.

Les bienfaits sur la santé

Le facteur stress est à l'origine de bien des maux. Ainsi, le lâcher-prise qui procure le calme intérieur ne peut que favoriser la santé. Il faut à ce propos mentionner les disciplines énergétiques orientales, comme le qi gong, qui permettent réellement de relâcher les tensions, d'où un corps détendu et une meilleure circulation des énergies.

Le calme intérieur

Le lâcher-prise agit bien sûr sur l'esprit. En abandonnant tous les liens inutiles, le mental se tait, l'esprit se sent apaisé. L'effet est immédiat. Lorsque l'esprit se calme, c'est que le lâcher-prise a été effectué. N'est-il pas préférable de vivre de manière apaisée plutôt que de subir l'agitation de l'esprit ? Quand nous vivons dans un état de paix intérieure, nous pouvons alors porter notre regard sur ce qui nous entoure. C'est une ouverture à la beauté. Si nous restons aux prises avec nos préoccupations, nous ne voyons pas le monde extérieur, même si nous le regardons.

Le soulagement

Le lâcher-prise entraîne un soulagement intérieur. En lâchant prise, ce qui nous tracasse n'existe plus. Nous sortons enfin de cette prison ! Après tous nos débats intérieurs, nous pouvons de nouveau respirer. Nos tensions s'envolent. Nous sommes débarrassés de ce qui nous torturait et cela nous apaise profondément.

La connaissance de soi

Le lâcher-prise nous donne accès à la totalité et à la profondeur de notre être. Comme Valérie qui est arrivée à se connaître parce qu'elle s'est débarrassée de tout ce qui ne faisait pas partie de son être véritable. En laissant de côté tout ce qui la faisait souffrir inutilement, elle a pris conscience de qui elle était réellement. Elle est parvenue à s'estimer de nouveau et s'est sentie en harmonie. C'est en recherchant cet état de bien-être intérieur que nous pouvons connaître notre « moi », c'est-à-dire notre nature essentielle. Nous nous sentons unifiés, entiers.

La liberté

En rompant les liens qui nous empêchent d'être bien, le poids dont nous souffrons s'en va. Nous sommes libérés. Il s'agit d'une libération joyeuse ! En lâchant prise, nos dépendances disparaissent. Nous devenons des êtres libres.

Une sensation de légèreté

En nous débarrassant de tout ce qui nous freine ou nous empoisonne l'existence, nous nous apercevons que tout ce poids est vraiment inutile et qu'il est plus aisé de poursuivre sa route ainsi allégés.

La confiance

Plus nous abandonnons ce qui nous bloque, plus nous avançons avec confiance dans la vie. Rien ne nous effraie. Nous accueillons sereinement les événements qui se présentent à nous.

Des relations saines

Lorsque nous sommes dans le lâcher-prise, nous acceptons plus facilement les petits travers de nos semblables. Nous sommes plus indulgents. Nous ne leur faisons pas de reproches injustifiés. Nous les acceptons tels qu'ils sont.

Une ouverture

Moins nous contrôlons les choses, plus nos actions ont des chances d'aboutir. Par exemple, pour obtenir un logement, nous déposons un dossier de candidature : une fois que nous l'avons remis, n'y pensons plus. Restons confiants. En adoptant une attitude ouverte, nous permettons aux événements de se produire.

À RETENIR

Le bien-être

Lâcher prise se ressent physiquement. Lâcher prise agit sur la santé et l'esprit. Nous sommes au calme et en harmonie.

Recevoir

Lâcher prise permet d'accueillir le changement. Nous pouvons découvrir ce que la vie nous réserve. Nous laissons la place au possible. Lorsque nous sommes fermés, les événements sont bloqués. Si nous sommes détendus et confiants, les événements arrivent.

Aimer

Lâcher prise permet de s'aimer et d'aimer les autres. Débarrassés de nos craintes, de notre culpabilité, de nos doutes, nous pouvons alors aimer. Nous apprécions les autres pour ce qu'ils sont.

Évoluer

En pratiquant le lâcher-prise, nous changeons. Nous nous allégeons de nos peurs, nous avançons avec davantage de confiance. Nous gagnons en sagesse. Nous devenons zen. Bref, nous évoluons de façon positive et bénéfique. Plus nous pratiquons, plus nous apprenons sur nous-mêmes et sur la vie. Le lâcher-prise apporte une grande richesse intérieure.

Vivre pleinement

En lâchant prise, nous procédons à une ouverture du cœur. Nous disons oui à ce qui est. Nous disons oui à la vie.

Votre attitude face aux problèmes

1) Votre dernier projet professionnel est fortement compromis :
B. Vous n'en dormez plus…
A. Vous le modifiez pour qu'il soit accepté.
C. Vous décidez de passer à autre chose.

2) Votre conjoint fait la tête…
A. Vous lui demandez ce qu'il a.
B. Vous vous demandez d'abord ce que vous avez fait.
C. Vous sortez pour le laisser se calmer.

3) Votre mère vous reproche votre absence aux repas familiaux :
C. Eh bien, ça ne risque pas de changer !
A. Vous proposez d'organiser le prochain.
B. Vous vous énervez et lui rétorquez tous vos griefs.

4) Votre patron vous demande d'effectuer une tâche difficile :
B. Vous ne pensez qu'à ça toute la semaine.
A. Vous en profitez pour demander une formation.
C. Vous demandez de la confier à quelqu'un d'autre.

5) Rupture sentimentale, vous êtes très mal. Votre réaction :
A. Vous décidez de travailler et de faire la fête…
B. Vous restez cloîtré chez vous à déprimer.
C. Vous partez en voyage, en week-end…

6) Votre père est malade. Comment réagissez-vous ?
C. Vous supportez mal de le voir ainsi et l'évitez.
A. Vous recherchez le meilleur spécialiste pour lui.
B. Vous vous interrogez sur le sens de la vie.

7) Face à un SDF, vous avez tendance à :
A. Penser qu'il faut vous engager dans une asso.
B. Vous demander ce qui l'a amené à ce point-là.
C. Essayer de ne pas croiser son regard.

8) Ce que l'on pourrait vous reprocher :
C. Votre frilosité à vous engager.
B. Votre tendance à tout dramatiser.
A. Votre tendance à foncer / parler sans réfléchir.

9) Vous avez toujours été doué pour :
B. Aller jusqu'au bout de ce que vous aviez commencé.
A. Vous adapter à toutes les situations.
C. Savoir prendre du recul sur certaines situations.

10) Un automobiliste vous insulte car vous avez coupé sa route :
C. Vous démarrez en trombe et êtes déjà loin.
A. Vous vous arrêtez pour vous excuser.
B. Vous vous énervez : pour qui se prend-il ?

11) Un client se plaint des services d'un collègue absent :
A. Vous vous occupez de lui et lui faites une offre.
C. Vous lui dites de rappeler demain votre collègue.
B. Vous critiquez votre collègue pour le calmer.

12) Vous voulez partir à la plage, mais le temps est maussade :
C. Vous y allez quand même, il y fera peut-être beau.
A. Vous vous rabattez sur un musée.
B. Vous décidez de rester chez vous.

Les attitudes à adopter

« L'optimisme vient de Dieu, le pessimisme est né dans le cerveau de l'homme. »

Proverbe arabe

Témoignage

« Je m'efforce de lâcher prise pour ne plus être "débordée". J'ai compris que lorsque j'accepte les choses, je peux les régler calmement. Ça ne me sert à rien de m'emporter ou de m'agacer. J'essaie d'appliquer cette règle lors des petits tracas de la vie quotidienne. Par exemple, quand je me trouve dans la file d'attente d'un commerçant et qu'une personne dépasse tout le monde, l'air de rien. Avant, je réagissais immédiatement et j'invectivais contre l'escroc. Aujourd'hui, j'essaie, car je n'y parviens pas toujours, de ne rien dire et de m'amuser de la situation. Après tout, cette personne a peut-être quelque chose à m'apprendre, ou alors cela peut être l'occasion de sourire ou encore de communiquer avec ceux qui attendent. Je prends du recul. Du coup, je ne suis pas stressée mais très calme et même assez enjouée. Pour des événements un peu plus sérieux, j'adopte le même comportement : j'observe, je considère la chose et j'agis tranquillement si c'est nécessaire. Par exemple, le mois dernier, ma cave a été visitée. La porte a été forcée et ne tenait plus. Tout d'abord, J'ai vérifié le contenu : rien n'a été volé. Ensuite j'ai regardé si la porte pouvait être réparée. Ce qui était le cas. J'ai donc acheté un nouveau cadenas, des vis et j'ai remis la porte en état. Tout simplement. Il y a quelques années, je me serais mise en colère et j'aurais téléphoné à mes copines pour leur raconter ce grand malheur. J'ai progressé depuis et je m'en porte d'autant mieux. Mais pour cela, il faut que je sois très présente. C'est d'ailleurs la principale

difficulté pour parvenir à lâcher prise sur les petits tracas quotidiens. L'autre jour, le vent a emporté mon chapeau. J'ai couru à sa poursuite mais je ne suis pas parvenue à le rattraper. J'ai arrêté ma course et je l'ai regardé s'envoler. Je me souviens même lui avoir dit au revoir. J'ai réussi à accepter en me disant que j'en trouverai certainement un mieux. Après tout, il ne m'allait pas si bien que ça ! J'essaie de me réconforter pour passer à autre chose. Il faut bien reconnaître que ça ne sert à rien de dramatiser ou de s'apitoyer. Ce qui arrive n'est pas bien grave. Mais je reconnais que je ne suis pas au point dans toutes les situations : il m'arrive encore de m'énerver, quand je suis au volant de ma voiture par exemple… »

Manon, 42 ans

Un peu de théorie

Prenons les choses comme elles viennent

Plutôt que de se crisper, essayons d'accepter les événements pour ce qu'ils sont. Votre voisin vient d'inonder votre séjour ? Bien. Ne vous précipitez pas chez lui dans le feu de la colère. Considérez ce qui se passe. Quelle action devez-vous entreprendre en premier ? Mettre une bassine sous la fuite ? Très bien. Avertir ensuite votre voisin des dégâts que vous constatez chez vous ? Parfait. Vous pouvez aller sonner chez lui. Ainsi, en adoptant un état d'esprit positif et pratique (puisqu'il faut bien l'être dans cette situation), vous resterez calme et parviendrez à régler le problème posément sans créer des tensions inutiles.

Détachons-nous

Lorsque nous sommes impliqués dans un événement, nous nous oublions pour faire corps avec ce qui se vit. S'il s'agit d'une activité artistique ou d'un travail qui requiert toute notre attention, il est naturel de le faire. Par contre, si cela concerne une chose extérieure à nous, il n'est pas nécessaire de s'investir autant. C'est même déconseillé puisque nous agissons alors contre notre nature, en nous identifiant à ce qui arrive. Il n'existe aucun enjeu, aucun défi à relever. Par exemple, vous tombez en panne avec votre voiture sur une route de campagne. La ville la plus proche se trouve à vingt kilomètres et la circulation est quasiment inexistante. Au lieu d'enrager ou de vous effondrer (il existe toute une palette de réactions) et donc de vous assimiler à la panne, il vaut mieux prendre du recul. En adoptant une attitude détachée, le problème n'est plus insurmontable mais vite résolu. En plus, votre humeur n'est pas modifiée

Prenons le temps de réfléchir

Le lâcher-prise s'apprend et s'entretient. Il nécessite des prises de conscience et des mises au point. Il faut donc consacrer du temps à la réflexion. Nous devons, par exemple, nous interroger sur ce qui nous bloque pour être capables de lâcher prise.

Faisons-nous confiance

Pour lâcher prise, il est nécessaire d'avoir confiance en soi pour ne pas céder à la peur ou à toute autre émotion négative. C'est une attitude juste et responsable. Nous devons avoir de la considération pour nous-mêmes. Dans le fond, nous savons que nous pouvons mener notre vie en toute quiétude, quoiqu'il arrive. Se faire confiance amène un relâchement des tensions dans le corps et l'esprit.

Faisons confiance aux autres

Lorsque nous parvenons à accorder notre confiance à ceux qui nous entourent, nos relations s'en trouvent améliorées. Essayons de ne pas vouloir changer les autres, car de toute façon, c'est impossible : nous ne pouvons changer que nous-mêmes. Cessons de contrôler ce que font nos collègues, par exemple. Lorsque nous leur faisons confiance, nous nous apercevons d'ailleurs qu'ils sont très efficaces. En plus, nous sommes détendus !

Faisons confiance à la vie

Cette attitude confiante, il faut essayer de l'adopter en permanence, sur tout. Dès le réveil, essayez d'être confiant et prolongez cet état tout au long de la journée. Même si vous ne parvenez pas tout le temps à le faire, car vous êtes trop occupé dans vos actions quotidiennes, pensez à mettre en pratique cette confiance le plus souvent possible. Votre qualité de vie n'en sera que meilleure.

Mettons le cap sur l'essentiel

Apprenons à relativiser. Votre veste est fichue parce que vous n'avez pas vu l'étiquette « nettoyage à sec ». Dans le fond, est-ce si important ? À quoi tenez-vous vraiment dans la vie ?

Attendons-nous à recevoir

En nous délestant de tout ce qui nous encombre, en nous ouvrant sur la vie, nous provoquons des changements en nous-mêmes qui semblent se répercuter sur l'extérieur. Ainsi, lorsque nous sommes confiants, nous émettons une énergie joyeuse. C'est comme si cette énergie trouvait un écho quelque part et nous renvoyait ce que nous sommes en mesure de recevoir. Mais cela n'arrive que si nous sommes prêts à l'accueillir. Par exemple, après avoir adressé notre candidature à une société, n'y pensons plus. Restons confiants.

À RETENIR

Arrêtons-nous

À chaque fois que nous résistons, essayons de nous arrêter pour identifier nos tensions et comprendre ce qui se passe en nous.

Apprenons à nous observer

Pour parvenir à déceler les pensées qui encombrent inutilement notre esprit, nous devons apprendre à nous observer. En prenant du recul, il est alors tout à fait possible de considérer nos ruminations et de s'apercevoir qu'elles n'ont rien à faire là. Elles nous ennuient. Cette prise de conscience nous permet de nous en défaire.

Ouvrons-nous à l'imprévu

En ayant l'esprit ouvert, nous pouvons nous attendre à tout. Il suffit d'activer sa curiosité naturelle, se préparer à découvrir quelque chose de nouveau pour obtenir cette attitude. Souvenons-nous de notre comportement lorsque nous étions enfants. Le monde, avec tous ses trésors, nous appartenait. Retrouvons notre esprit d'aventure et notre capacité à nous adapter à tout type d'événement.

Réorientons notre attention

Essayons de ne plus nous focaliser sur les aspects pénibles qui alourdissent notre vie. Soyons vigilants et surveillons nos pensées.

Soyons positifs

En étant positifs, nous renforçons notre capacité à lâcher prise. Nous ne sommes plus attachés aux choses malheureuses.

Comment faire ?

« Descendez en vous-même et vous reconnaîtrez la pauvreté de votre demeure. »

Proverbe perse

Témoignage

« Je me souviens très bien de la première fois où j'ai expérimenté le lâcher-prise. Je dirigeais une petite société qui, au bout de dix ans d'activité, montrait des signes de faiblesse. J'ai essayé de faire le maximum pour sauver l'entreprise. Je démarchais des clients potentiels, je relançais ceux qui tardaient à me répondre, je revoyais nos formules... bref, je m'acharnais. Mais rien n'y faisait. Les contrats disparaissaient les uns après les autres, faute de renouvellement. En plus, la banque commençait à s'impatienter à force de ne plus voir rentrer l'argent.
C'est le jour où l'informatique est tombée en panne que je me suis enfin résolue à baisser les bras. Là, c'en était trop. Il fallait que je me rende à l'évidence : la société n'était plus viable. Il était temps de tourner la page. J'ai ressenti un vide, puis un soulagement. Je ne savais pas du tout que je venais de lâcher prise, je ne connaissais pas vraiment la signification de cette expression. Je crois que pour bien saisir son sens, il est nécessaire de l'expérimenter. Toute la tension que j'avais alors, en raison des efforts fournis, est retombée. Je me suis presque sentie mieux. Tout ce à quoi je m'accrochais, comme le refus d'échouer (par orgueil) ou la peur de manquer, s'est évaporé d'un seul coup. J'ai pu ainsi accepter la fin de mon entreprise. Ensuite, d'autres choses se sont mises en place : un ami m'a proposé un poste dans sa société, j'ai liquidé

la mienne et j'ai pu ainsi élaborer d'autres projets. Je ne regrette rien car cette étape m'a permis d'accéder à un travail plus créatif, qui me correspond mieux. Désormais, je sais comment procéder lorsqu'une pensée m'obsède ou que je suis contrariée (bien sûr, il faut d'abord en prendre conscience). Je respire un grand coup. Je m'arrête de penser et je m'écoute ou, plus exactement, je suis attentive à mon silence intérieur. C'est très calme et rassurant au-dedans. Une fois que j'ai pris contact avec ce que j'appellerai "mon être essentiel", je m'aperçois que la pensée nocive m'est étrangère. Je la considère, avec amusement et affection. Je ne me sens nullement attachée à elle. Je la regarde un instant puis je la laisse s'éloigner. À force d'expérimenter le lâcher-prise, il m'est de plus en plus facile de dépister les pensées négatives. J'apprends. Je progresse et je m'améliore. Nous sommes tous capables de résoudre nos conflits, simplement en nous reliant à notre sagesse intérieure. Je ne sais pas trop comment la nommer. Certains l'appellent le guide, l'intelligence ou la force intérieure. C'est une présence très apaisante qui sait tout : elle a les réponses à tous nos soucis. »

Bénédicte, 45 ans

Un peu de théorie

La réponse est en nous

Nous avons tous les éléments en nous pour lâcher prise. Même si cela n'est pas aisé, c'est à notre portée, ce qui est plutôt encourageant. Cela implique une meilleure connaissance de soi. Pour parvenir à lâcher prise, il faut comprendre que nous nous attachons à des choses qui sont distinctes de nous. Comme Bénédicte qui s'efforce de conserver son entreprise. Plus nous avançons, plus nous nous apercevons de nos erreurs et nous en délestons. Au bout du compte, lâcher prise va nous permettre de nous découvrir en profondeur.

En cherchant à savoir qui nous sommes, nous allons réaliser que certaines choses ne nous correspondent pas et pouvoir nous débarrasser de tout ce qui nous encombre. Petit à petit, notre véritable nature apparaît.

Prendre conscience de nos émotions

Pour lâcher prise, il faut se rendre compte de la présence de nos émotions. Elles nous avertissent que nous sommes en réaction, face à un événement ou une situation. Si elles sont négatives, elles sont précieuses. En effet, leur apparition nous signale que nous ne sommes plus en accord.

La conscience de soi

Un des premiers pas consiste à saisir qui nous sommes réellement. Cette perception de soi permet de comprendre que certaines pensées (justement celles qui nous agacent ou nous font souffrir) nous sont étrangères. Elles n'ont rien à faire en nous. Pour prendre conscience de soi, il suffit de se dire intérieurement « je suis ». De cette façon, nous mettons de la distance par rapport à nos pensées. Nous réalisons quelles sont les idées illusoires qui nous habitent. C'est à partir de ce moment-là que nous pouvons cesser de nous identifier à elles. Nous ne sommes pas ces pensées ! Dès qu'une pensée sombre traverse notre esprit, il faut s'arrêter et observer ce qui se passe en nous. C'est un moyen efficace pour la balayer.

La présence intérieure

Les désordres que nous subissons nous poussent à trouver la paix en nous. En effet, nous recherchons la tranquillité. Nous en avons assez de ne pas obtenir ce que nous voulons, de courir après l'argent ou autre chose encore. Nous aspirons à une vie plus harmonieuse, plus équilibrée. Bonne nouvelle, la paix tant recherchée est à l'intérieur de nous. Mais la plupart du temps, nous essayons de la trouver à l'extérieur de nous. Or, toutes les réponses et les solutions sont en nous. Nous y accédons dans le calme intérieur. C'est là que nous rencontrons qui nous sommes vraiment et que nous sommes guidés vers un mieux-être.

L'écoute

Pour faire taire les pensées encombrantes, il est inutile de s'agiter dans tous les sens. Ne faisons rien. Écoutons-nous. Dans le silence intérieur, les pensées n'ont plus cours. Elles s'arrêtent. Cela est de courte durée car elles voudront toujours revenir. Mais nous saurons comment les distinguer et les faire taire à nouveau.

Cherchons la simplicité

Si nous sommes perdus dans nos pensées, c'est qu'elles sont nombreuses et compliquées et qu'elles nous encombrent. Pour aller dans la bonne direction, c'est-à-dire pour nous retrouver et renouer avec notre être essentiel, cherchons la voie de la simplicité. Faisons le vide dans nos têtes ! Dépouillons-nous de nos pensées confuses. Cette quête va nous mener directement là où nous sommes vraiment, à notre véritable nature, à notre richesse intérieure.

À RETENIR

Arrêtons de vouloir

Nous sommes habitués à agir en permanence, persuadés que si nous ne faisons rien, notre vie va s'arrêter. Nous voulons réussir, avoir de l'argent, vivre le grand amour, bâtir une famille… car nous pensons que c'est ainsi que nous serons heureux. Mais la quête du bonheur ne se fait pas à l'extérieur de soi. Le bonheur est un état intérieur. Il est inutile de s'agiter, ce que nous cherchons est là, au fond de nous.

Cherchons la paix intérieure

Pour éviter de se laisser embourber par un flot de pensées noires, ayons le réflexe de chercher la paix intérieure. Comme l'indique Guy Finley dans *Vivre et lâcher prise, « la paix que vous recherchez est elle-même à votre recherche. »* Cela est plutôt réconfortant : nous finirons bien par la trouver !

Cherchons le vrai

Toutes nos craintes ou nos douleurs alourdissent notre vie et nous masquent qui nous sommes réellement. Ne les laissons plus nous envahir. Dans le calme intérieur, recherchons notre vérité profonde. Elle dissipe toutes les pensées et les émotions qui n'existent que si nous le voulons bien.

Le soutien en soi

Pour lâcher prise, il faut s'en remettre à notre force intérieure. C'est un peu un saut dans le vide qui nous rapproche de notre spiritualité. En lâchant prise, nous nous abandonnons à cette puissance intérieure qui nous soutient.

Lâcher prise dans le corps

« Le corps est le temple de l'esprit. »

Saint Paul

Témoignage

« Je me souviens d'un épisode douloureux. Je voulais me séparer de mon compagnon mais je ne savais pas trop comment faire. Entre mon travail et les enfants (je faisais pratiquement tout à la maison), j'avais du mal à trouver le temps de chercher un nouvel appartement. C'était douloureux pour moi car j'aimais toujours celui que je voulais quitter. Mais la vie avec lui était devenue un véritable enfer. Malgré mes contradictions, ma décision était prise, il fallait que je parte. Bien entendu, les enfants venaient avec moi puisque j'étais seule à m'en occuper. Mon esprit était assez torturé et j'avais des difficultés à clarifier la situation. N'en pouvant plus, me trouvant seule au bureau, j'ai ressenti le besoin urgent de me détendre. Mon corps était crispé, le haut de mon dos était douloureux. J'ai donc pris le temps d'écouter mon corps. J'ai remercié d'avoir pris auparavant des cours de yoga ! J'ai commencé par respirer de façon régulière et profonde au niveau du ventre. Je savais que ce type de respiration calmait à la fois le corps et l'esprit.

Effectivement, j'ai presque immédiatement ressenti un bien-être intérieur, comme si j'étais de retour à la maison. Je me suis calmée, apaisée. J'ai poursuivi cet exercice pendant un quart d'heure peut-être. J'avais vraiment besoin de me détendre profondément et durablement. Ensuite, je me suis concentrée sur les parties de mon corps endolories. Je voulais tranquilliser ma douleur. À certains endroits, je me suis aperçue que c'était extrêmement noué. Je me suis efforcée de respirer à travers ces parties très dures. Petit à petit, j'ai ressenti une détente au niveau de ces points. J'ai poursuivi l'exercice en remontant jusqu'à ma tête puis en descendant dans mon corps. J'ai respiré de façon plus insistante dans les parties qui me semblaient tendues. Comme la mâchoire : j'ai desserré les dents, j'ai décrispé les joues, détendu le front, les yeux, les oreilles, etc. Tout était tellement tendu ! Arrivée aux doigts de pieds, j'ai cessé ma relaxation. Je me sentais à nouveau opérationnelle. Les idées noires avaient disparu. Je pouvais à présent travailler efficacement, en sachant que je réglerai mon problème d'appartement plus tard, au moment opportun. Le fait d'avoir relâché mon corps avait fait disparaître toutes les pensées qui m'obsédaient. Je me sentais tranquillisée, rassurée. J'étais certaine de pouvoir trouver une solution. Mais dans l'immédiat, le travail professionnel m'attendait. Je me sentais à nouveau capable de régler chaque chose au moment le plus propice. Et effectivement, les choses se sont arrangées par la suite. Une amie exerçant dans le service immobilier d'une compagnie d'assurance m'a proposé un appartement en location. Je l'ai visité et j'ai rapidement emménagé avec mes enfants. »

Muriel, 42 ans

Un peu de théorie

Le lâcher-prise commence dans le corps

« Nos pensées et nos sentiments influent constamment sur notre corps », indique Debbie Shapiro [1]. Lorsque nous sommes en proie à des pensées qui sabotent notre moral, notre corps le ressent. Il se raidit, se contracte. Au contraire, lorsque nous sommes enjoués, notre corps est détendu. Aussi, si nous prêtons attention à notre corps, nous pouvons savoir si nous sommes bien avec nous-mêmes. C'est un merveilleux outil qui nous apprend beaucoup sur nous.

C'est pourquoi nous pouvons également l'utiliser pour nous sortir d'une situation a priori bloquée. *« Le corps sert de pont pour faciliter le passage entre la vie extérieure et la vie intérieure »*, nous dit Colette Portelance [2]. Il nous aide à lâcher prise. C'est même la première étape pour vraiment y parvenir. Il suffit simplement de marquer une pause pour écouter avec attention et respect son propre corps.

Le lâcher-prise dans le corps

En consacrant dix à quinze minutes à la relaxation, nous allons ressentir le lâcher-prise dans notre corps. C'est à la portée de tous. Il faut juste essayer et pratiquer. Cet exercice nous permet de comprendre le sens du lâcher-prise. En le ressentant, nous le vivons. Nous en avons une compréhension « instinctive », bien plus efficace que tous les discours.

Écoutons notre corps

Pour pouvoir écouter notre corps, il faut nous arrêter et prendre une profonde inspiration. La détente est immédiate. Nous pouvons dès lors être attentifs à notre ressenti. Poursuivons les respirations intenses jusqu'à ce que la détente soit satisfaisante. Ensuite, orientons notre attention, par exemple, sur une partie de notre corps qui nous semble tendue. Cette tension n'est pas là par hasard. Elle est la conséquence de notre vécu mal assimilé. Nous pouvons observer cette tension, la ressentir pour essayer de mettre des mots sur ce qu'elle essaie de nous dire. Ainsi, si c'est notre tête qui est douloureuse, dirigeons notre attention vers elle. Puis, prenons du recul et demandons-lui ce qu'elle ressent. Des expressions du type « Ça me prend la tête » peuvent alors surgir. Elles sont souvent très éclairantes pour débloquer une situation.

Le conflit dans le corps

Lorsque nous vivons une situation délicate, notre corps le ressent. Chaque émotion est vécue au niveau du corps. Il est le lieu de tous nos conflits. Si nous avons peur, notre corps tremble. Il nous informe de ce que nous traversons. Il conserve la marque de toutes nos émotions. Il nous renseigne sur tout ce que nous n'avons pas compris et sur notre manière d'appréhender la vie. Lorsque nous n'y voyons plus clair, notre corps peut nous révéler les causes de notre malaise. Il a conservé les traces de nos difficultés. Si nous ne voulons pas l'entendre, il se manifestera tôt ou tard, par la maladie ou tout mal corporel, nous obligeant ainsi à réfléchir.

Respectons notre corps

Au fur et à mesure que nous faisons attention à notre corps, nous nous apercevons qu'il nous enseigne sur nous-mêmes. C'est pourquoi nous lui devons un profond respect et le lui montrer. Nous devons, bien sûr, en prendre soin, en ayant une hygiène de vie adéquate. Il s'agit de bien le nourrir mais aussi de l'entretenir correctement. Il apprécie la marche à pied ou la pratique d'un sport. Il faut veiller à le nettoyer, l'hydrater, bref, le bichonner. L'objectif est de lui montrer que nous l'aimons et que nous nous sentons bien avec lui. Il est utile de lui consacrer une attention plus intérieure, en prenant des rendez-vous réguliers avec lui, juste pour être avec lui et seulement avec lui.

(1) Debbie Shapiro, *L'Intelligence du corps*, Dangles, 1998.

(2) Colette Portelance, *Les Sept Étapes du lâcher-prise*, Éditions Jouvence, 2009.

À RETENIR

La sagesse du corps

Le corps nous révèle ce que nous ressentons. Il nous renseigne sur qui nous sommes.

Ayons confiance en notre corps

Si nous sommes à l'écoute de notre corps, nous savons qu'il ne se trompe pas. Ce qu'il nous dit est toujours vrai. Si nous nous bloquons le dos par exemple, c'est qu'il est temps de nous arrêter un moment pour passer du temps avec nous. Cette pause ne peut être que bénéfique. Faisons le point et réfléchissons aux événements récents. Demandons-nous en quoi ce mal au dos peut nous éclairer sur ce que nous vivons. Ayons confiance en notre corps : lorsqu'il ne fonctionne plus, il nous délivre un précieux message. Soyons à son écoute.

Apprenons à nous détendre

La vie stressante que nous menons nous oblige à marquer des temps d'arrêt. Cela est nécessaire pour conserver notre équilibre et maintenir notre cap. Lorsque nous sommes coincés dans les embouteillages, ne nous crispons pas. Prenons une profonde inspiration. Sentons notre corps se détendre. Il ne sert à rien de s'agacer, c'est de l'énergie gaspillée. Prenons de la distance, relâchons-nous. Nous nous sentirons beaucoup mieux, physiquement comme moralement.

Faire taire le mental

« Ne prenez pas vos pensées trop au sérieux. »

Eckart Tolle

Témoignage

« J'avais la fâcheuse tendance à m'inquiéter facilement, pour un oui ou pour un non. Je me montais facilement la tête et cela me rendait malheureux. Je me souviens d'un jour où ma copine, Estelle, venait de décommander notre soirée. Elle avait prétexté un travail important à terminer. Ça n'était pas la première fois qu'elle avait un empêchement. Je commençais à douter sérieusement de ses propos. Avait-elle réellement un travail urgent à finir ? N'était-elle pas plutôt avec un autre ? Pour moi, c'était le signe qu'elle en avait assez de moi. Je faisais une paranoïa. Je me demandais ce que j'avais fait pour lui déplaire. Bref, je me posais des tas de questions et plus je m'interrogeais, plus je doutais des sentiments d'Estelle envers moi. Comment faire pour savoir si elle était à son travail ? Devais-je lui téléphoner ? Non, elle pourrait me mentir. Et puis, si elle travaillait vraiment, elle pourrait s'agacer, à juste titre. Au bout d'une heure ou deux de rumination intérieure, je me suis décidé à appeler Antoine, un ami. Il m'a proposé de venir en discuter chez lui, ce que j'ai fait. Je lui ai raconté toutes les craintes que j'avais à propos d'Estelle. Antoine a essayé de me convaincre qu'Estelle était une personne directe et qu'elle n'était pas du genre à me cacher quelque chose. Mais je n'étais pas convaincu.
C'est alors qu'Antoine m'a posé une question curieuse : "Peux-tu arrêter tes pensées ?". Cela m'a énormément surpris. Comment

pouvais-je y arriver ? Nous pensons sans arrêt ! Il m'a indiqué une technique très efficace : me mettre dans la position d'observateur pour regarder chaque pensée. J'ai essayé. Le flot de mes pensées s'est immédiatement interrompu. Toute l'activité dans ma tête avait cessé. Je me suis senti vraiment soulagé. Tout ce babillage était terminé ! J'étais calme, détendu, content.
En prenant ce recul, je me suis rendu compte que les pensées qui m'ennuyaient étaient ridicules ou plus exactement qu'elles étaient comme extérieures à moi et donc qu'elles ne faisaient pas partie de moi. Évidemment, quelques instants plus tard, elles ont essayé de revenir, mais je connaissais le moyen de ne plus me laisser envahir.
Depuis cet épisode, j'essaie d'être conscient de mes pensées. Je rumine moins et je me sens mieux. »

Benjamin, 34 ans

Un peu de théorie

Observons nos pensées

Nous entendons tous en permanence une ou plusieurs voix dans notre tête : c'est la pensée qui agit de cette manière. Nous avons donc affaire à des dialogues sans fin, sans en avoir vraiment conscience. Ils peuvent nous fatiguer, nous encombrer, nous stresser. Ils ne nous laissent pas en paix, comme pour Benjamin qui ne sait plus comment faire pour arrêter sa paranoïa.
Pour en venir à bout, il faut d'abord en prendre conscience. La meilleure façon est de les observer, posément, sans émettre de jugement. Il s'agit de constater leur présence. Toutes ces pensées sont venues, sans crier gare, sans se présenter, un peu comme des intrus que nous n'aurions pas autorisés à entrer. En les observant, nous prenons conscience du peu d'intérêt que nous avons à les conserver.

Repérons nos pensées

Nous pouvons ainsi observer les pensées qui nous habitent et essayer de comprendre comment et pourquoi elles sont venues. À quoi font-elles référence ? Bien souvent, il s'agit d'un discours déjà entendu qui nous met mal à l'aise. Ces pensées peuvent trouver leur origine dans d'anciennes souffrances. S'en apercevoir nous en libère car nous réalisons dès lors qu'elles ne sont plus appropriées. Mais il peut s'agir de conflits non résolus que nous devons alors comprendre pour mieux nous en détacher. Cela demande, dans ce cas, un travail personnel. Lorsque nous saisissons pourquoi une pensée est entrée, nous pouvons nous en défaire définitivement.

Entraînons-nous à rester vigilants

Prendre conscience de nos pensées nécessite d'être vigilant. Au début, l'exercice est un peu difficile. Mais plus nous avançons dans la pratique, plus il est aisé de repérer à temps les pensées (avant qu'elles ne deviennent nuisibles).

Interrompons le flot des pensées

Si nous observons régulièrement ce qui se passe dans notre tête, nous pouvons nous débarrasser assez vite de nos pensées. Par contre, si nous ne le faisons pas, nous risquons d'être submergés par elles et ne plus savoir comment elles sont venues. Le plus simple alors est de nous arrêter, de respirer et de nous observer. Une fois le calme intérieur retrouvé, il est alors plus facile de les faire disparaître.

Le moment présent

Une solution pour faire taire les pensées est de vérifier si elles font référence au passé ou au futur. C'est pratiquement toujours le cas. Lorsqu'elles nous rappellent un événement ou une situation achevés, elles sont dépassées. Elles n'ont donc plus lieu d'être. Elles peuvent également nous projeter dans l'avenir et, de ce fait, elles ne sont pas réelles non plus. La vie se déroule à l'instant présent : c'est le seul moment qui nous permet de vivre et d'être pleinement.

La pensée imagine la vie

Le mental nous joue bien souvent des tours. Par exemple, nous souhaitons décrocher un emploi. Nous sommes parvenus à obtenir un rendez-vous. Si nous laissons faire notre mental, il va imaginer des scénarios catastrophes et provoquer de l'inquiétude (comme pour Benjamin qui se persuade qu'Estelle lui ment). Il faut prendre conscience que cette projection dans le futur n'existe pas. C'est une supposition. Cela n'est pas concret. Ce que notre mental envisage n'a aucune consistance. Il ne sait pas comment l'avenir va se dérouler. Il ne faut donc surtout pas le croire.

Un état d'unité

En faisant taire le mental, nous accédons à notre être véritable. Nous pouvons sentir notre propre présence. C'est elle qui nous permet de voir que les pensées nous sont extérieures. Même si au début, le silence intérieur est de courte durée, nous pouvons reconnaître notre propre intériorité. Il s'agit d'un état d'unité avec l'Être. Dans ce cas-là, nous sommes entièrement présents.

À RETENIR

Le mental est un instrument

Il ne faut pas non plus bannir tout ce que le mental produit. C'est un instrument fort utile qui nous permet de calculer, d'organiser ou de réfléchir. Mais il faut qu'il reste à sa place d'outil et ne vienne pas trop empiéter sur notre vie. Prenons-le comme tel et faisons-le taire lorsqu'il sort de son rôle d'instrument.

Les rouages du mental

Pour éliminer les souffrances, regardons comment le mental procède : il juge, étiquette et rend malheureux. Détachons-nous en l'observant. C'est de cette manière que nous pourrons comprendre son fonctionnement.

Dans quel temps vivez-vous ?

1) Quand vous pensez à votre ex, vous vous demandez plutôt :
A. S'il a compris ce que vous lui reprochiez.
B. Ce qu'il fait maintenant, s'il est heureux.
C. Ce que cela vous ferait de le rencontrer demain.

2) On vous présente quelqu'un en soirée. Vous parlez plutôt :
B. De la soirée, des gens qu'il connaît.
A. De son parcours, de ce qu'il fait dans la vie.
C. De ses projets après la soirée ou plus tard.

3) Pour vous, deux personnes qui s'aiment doivent plutôt :
C. Avoir le même genre de projet futur.
A. Connaître intimement leurs failles et leurs forces
B. Vivre en évitant la routine à tout prix.

4) Quand vous pensez à votre enfance, que vous dites-vous ?
A. C'était le bon vieux temps !
C. J'espère que mes enfants seront aussi heureux !
B. C'est ce qui a fait ce que je suis devenu.

5) Si vous pouviez poser une question à Dieu, ce serait :
C. Quel sera mon destin ?
B. Suis-je à la bonne place ?
A. Pourquoi suis-je ainsi fait ?

6) Si vous pouviez vivre à une autre époque, vous choisiriez :
A. Le passé, pour observer les choses avec recul.
C. Le futur, pour voir comment nous évoluons.
B. Maintenant ! Rien de mieux que notre époque !

7) Vous avez obtenu une belle promotion. Vous pourriez penser :
B. Allez, on va boire un coup pour fêter ça !
A. Dire qu'on m'avait dit que je ne réussirais pas !
C. Mon prochain objectif : directeur !

8) Votre regard sur le monde :
C. Si ça continue comme ça…
B. Il faut agir avant qu'il ne soit trop tard !
A. Si seulement on pouvait revenir en arrière…

9) Les albums photos, vous en faites pour :
A. Vous rappeler les bons souvenirs.
B. Vous ne pensez jamais à en faire !
C. Laisser une trace pour plus tard, pour vos enfants

10) D'après vous, une personne se définit plus par :
B. Ce qu'elle fait à l'instant présent.
A. Ce qu'elle a fait dans le passé, son histoire.
C. Ce qu'elle projette de faire plus tard.

11) Vous devez demander une augmentation à votre patron :
A. Vous parlez de votre ancienneté, votre expérience.
C. Vous parlez de votre investissement à long terme.
B. Vous parlez de vos chiffres, excellents.

12) Votre devise :
A. N'oublie jamais d'où tu viens.
B. Vis au jour le jour.
C. Qui veut aller loin ménage sa monture.

Se débarrasser des pensées négatives

« Le préjugé est fâcheux parce qu'il exclut tout jugement. »

Publilius Syrus

Témoignage

« Avant d'obtenir ce poste, j'enchaînais les emplois mal rémunérés. Au bout de 6 ans d'expérience professionnelle, je percevais toujours le smic. De ce fait, j'avais des fins de mois parfois très difficiles et je demandais régulièrement de l'aide à mes parents. Heureusement, mon amie Clothilde m'a fait part d'un poste qui se libérait dans son entreprise. Le profil me correspondait et le salaire proposé était très correct. J'étais ravie. J'ai donc proposé ma candidature, qui a été retenue. Je devais rencontrer le responsable.

Mais, la veille de l'entretien, j'ai perdu pied. J'ai paniqué et j'ai cédé à la déprime. J'étais persuadée que je n'aurais pas cet emploi. Clothilde a de l'intuition car elle m'a téléphoné pour voir comment j'allais. Je n'ai pas pu lui cacher mon état. Elle me connaît trop bien. Clothilde est venue chez moi le soir même et elle a essayé de me remonter le moral. Je n'avais absolument plus confiance en moi. J'étais vraiment persuadée que le poste serait attribué à quelqu'un d'autre. Je ne connaissais pas le secteur d'activité. Il y avait certainement des gens sélectionnés qui l'avaient expérimenté. Clothilde m'a dit que je ne pouvais pas le savoir, que je faisais des suppositions. J'ai reconnu qu'elle avait raison.

Elle a également noté que connaître le secteur n'était pas du tout nécessaire pour le travail requis. Ce qui était vrai. Mais comme le poste était très bien payé, je pensais que les tâches seraient certainement très difficiles. Clothilde m'a assuré qu'il s'agissait exactement du même travail que j'exerçais et qu'il était, pour une fois, payé à sa juste valeur. Mais je ne connaissais personne de mon métier recevant un tel salaire. Clothilde m'a rétorqué que je ne connaissais pas assez de monde pour établir un salaire moyen. J'ai admis qu'elle avait, encore une fois, raison. Je lui ai dit que j'étais terriblement angoissée et que j'avais l'impression de ne pas mériter tout cet argent. "– En voilà une drôle d'idée ! D'où tu tiens ça ? m'a demandé Clothilde. – Je n'en sais rien. C'est sans doute ridicule. Il faudrait que je parvienne à m'en débarrasser. – Oui, moi je peux te dire que tu mérites de gagner autant ! Le tout est de le vouloir. » je me suis rendu compte que je me gâchais l'existence en pensant que je ne méritais pas un bon salaire. Cette pensée était certainement liée à mon passé. J'ai décidé de combattre cette idée fausse. Clothilde avait raison : je méritais de bien gagner ma vie ! Je me suis répété cette phrase positive plusieurs fois dans la soirée et le lendemain matin, avant mon rendez-vous. J'ai réussi à décrocher le poste et je perçois chaque mois un salaire tout à fait honorable. Depuis, je fais attention à mes pensées sur l'argent. »

Manon, 30 ans

Un peu de théorie

Identifions les pensées fausses

Nous entretenons des pensées qui, lorsque nous en prenons conscience, s'avèrent fausses. Fort heureusement, les événements que nous traversons nous aident à les déceler. Si nous n'y arrivons pas, d'autres situations nous permettront de les mettre en lumière. Ainsi Manon a eu de nombreux emplois mal rémunérés avant de pouvoir comprendre qu'elle entretenait des propos négatifs vis-à-vis de l'argent. La situation s'est répétée jusqu'à ce qu'elle arrive à prendre conscience de ses pensés nuisibles.

Identifions les croyances

Les croyances ne sont pas toujours faciles à déceler tant nous avons pris l'habitude de vivre avec. Elles font partie de notre quotidien sans que nous nous en apercevions. Par exemple, nous pouvons croire que la beauté facilite la réussite. Si nous nous trouvons beaux, cela ne nous portera pas ombrage. Par contre, si nous estimons que nous ne le sommes pas, notre succès n'est pas garanti. En découvrant qu'il s'agit de croyances, nous pouvons vérifier si elles sont en concordance avec ce que nous voulons vivre. Si cela n'est pas le cas, nous avons la possibilité de les changer.

Identifions les croyances personnelles

Nous pouvons créer nos propres croyances. Par exemple, nous pouvons croire que nous n'avons aucun talent créatif ou que nous sommes les meilleurs dans les affaires. Ce n'est pas parce que nous y croyons que ces opinions sont vraies. Par contre, le fait d'y croire entraîne leur réalisation. Les croyances que nous entretenons se vérifient. Si nous croyons que nous sommes irrésistibles, nous aurons certainement beaucoup d'aisance relationnelle. Et cela n'est pas gênant. Mais si nous croyons que nous sommes nuls en langues étrangères, nous risquons fortement de l'être. Ainsi, Manon est mal payée parce qu'elle croit qu'elle ne mérite pas un bon salaire. C'est lorsque nous prenons conscience d'une croyance erronée que nous pouvons la modifier.

Identifions nos contraintes

Les contraintes sont plus faciles à repérer. Ce sont tous les préceptes qui commencent généralement par « il faut que, je dois... ». Ce sont aussi toutes les maximes ou les dictons populaires que nous avons entendus pendant notre enfance et notre adolescence et que nous avons stockés dans notre mémoire. Toutes ces formules agissent comme des directives intérieures que nous nous efforçons de respecter, sans vérifier si elles sont vraiment fondées. Bien souvent, elles sont inutiles et ne génèrent que des entraves dont il est bon de se défaire. Par exemple, « l'avenir appartient aux gens qui se lèvent tôt » est inexact pour bien des professions et pourtant cette citation continue d'exercer sa pression sur de nombreuses personnes.

Remplaçons les pensées négatives

Lorsque nous nous apercevons que certaines pensées sont fausses, nous n'y croyons plus. Par contre, d'autres sont plus difficiles à combattre parce que leurs racines sont plus profondes en nous. Remplaçons-les par une formule positive. Par exemple, transformons « je ne suis pas rapide » en « ma vitesse s'améliore de jour en jour ». La méthode Coué fonctionne !

À RETENIR

La puissance des pensées

Nos pensées ont une action sur notre réalité. Il vaut donc mieux penser que « la vie est magnifique » plutôt que « la vie est difficile ». Si nous voulons vivre des événements heureux, nos pensées ne doivent pas s'y opposer. Nous sommes les seuls à savoir si nos pensées sont exactes ou non. Si nous nous apercevons qu'une pensée est inadaptée, nous avons la possibilité de la modifier. C'est à nous de décider de le faire.

Des devoirs encombrants

Nous n'avons pas besoin d'obéir à tous les « je dois » ou « il faut ». Quand nous prononçons ce genre de phrase, vérifions si nous devons vraiment le faire. Bien souvent, nous nous imposons des obligations inutiles. Remettons en question ces devoirs.

Mettons en lumière nos a priori

Nous avons tous des a priori, des préjugés ou des jugements de valeur. Ceux-ci émettent des généralités et donc ne sont pas vrais. Mais ils entravent notre liberté. Ce sont typiquement des pensées extérieures à notre être, que nous avons adoptées sans faire appel à notre conscience. Par exemple, si nous pensons que « les pauvres sont des fainéants », il est temps de remettre cette pensée en question !

Travail d'investigation

« Ne confonds pas ce qui est naturel de ce qui est habituel. »

Gandhi

Témoignage

« J'ai connu une période un peu douloureuse. Bien qu'ayant eu deux histoires amoureuses, j'étais toujours seule. La solitude me pesait. Je m'angoissais un peu en me demandant si je connaîtrais un jour le grand amour. Les années passaient, j'allais bientôt avoir 30 ans et ma situation avait l'air bien bloquée côté cœur. Comme mes amies avaient toutes un compagnon, cela m'était de plus en plus pénible d'aller les voir, seule. Je souffrais de ne pas trouver quelqu'un. Je me demandais ce que j'avais de moins bien que les autres pour être encore seule. Pourquoi ne pouvais-je aimer et être aimée ? C'est grâce à une de mes tantes, à un dîner de famille, que j'ai compris qu'il fallait que j'accepte d'abord la solitude. Ce passage avec moi-même était nécessaire. Lorsque ma tante m'a embrassée, elle m'a dit : "Alors, toujours ennuyée de venir avec toi ?". Cela m'a interpellée. Elle avait touché quelque chose de juste. Grâce à son ton chaleureux et bienveillant, j'ai compris que je ne devais pas éprouver cela. Je ne devais pas me sentir accablée par le fait d'être seule. Pourquoi est-ce que je n'assumais pas la solitude ? Ma tante s'est assise à côté de moi pendant le repas et m'a conseillé de faire des choses que j'aimais. Passer du temps avec moi devait être agréable car j'étais de charmante compagnie. Pourquoi ne voulais-je pas le reconnaître ? J'ai admis que la solitude me faisait peur et que je ne savais pas quoi faire. "Change ta façon de voir. Aime-toi. Sois gentille avec toi. Tu vas

découvrir quelqu'un de merveilleux parce que tu es merveilleuse." Ma tante m'a réconfortée et j'ai compris que je m'y prenais mal lorsque j'étais confrontée à moi-même. Sitôt de retour chez moi, j'ai essayé de comprendre pourquoi je me fuyais autant. J'ai pris conscience que je m'étais imposée de trouver quelqu'un avant l'âge de 30 ans. Ce qui est ridicule, pourquoi me mettre ainsi la pression ? J'ai constaté que, bien sûr, j'avais envie d'avoir des enfants, mais que j'avais encore le temps. Cela ne servait à rien d'avoir des craintes sur un futur hypothétique. Enfin, j'ai réalisé que j'idéalisais le modèle du couple et que je n'admettais absolument pas d'être seule à mon âge ! J'enviais beaucoup les couples et je trouvais qu'ils symbolisaient le bonheur. J'ai vite corrigé mon point de vue : les célibataires pouvaient aussi être heureux. Ce n'est pas moi que je fuyais mais le fait d'être seule. Le fait de le comprendre m'a immédiatement apaisée. Du coup, j'ai décidé de suivre les conseils de ma tante : j'ai fait des choses que j'aimais et je continue de le faire encore aujourd'hui. Cette période remonte à 2 ans. Je suis toujours célibataire mais la solitude ne me pèse plus et je reste optimiste quant à une future rencontre amoureuse. »

Karine, 31 ans

Un peu de théorie

Les liens qui nous entravent

Pour pouvoir lâcher prise, il faut se libérer des liens inutiles. Un petit travail d'investigation est alors nécessaire pour prendre conscience de leur nature. En effet, toutes sortes de liens peuvent nous gâcher la vie : des liens affectifs, relationnels, professionnels ou personnels. Ainsi Karine tenait à l'idée de vivre absolument en couple. Pour elle, il était impensable de vivre seule. Lorsqu'elle a compris qu'être célibataire était compatible avec le bonheur, elle a rompu avec ses anciennes opinions.

Nos relations amicales

Essayons de clarifier les liens que nous entretenons avec autrui. Nous avons des amis et c'est très bien ainsi. Mais comment nous comportons-nous avec eux ? Et qu'attendons-nous d'eux ? Nous pouvons, par exemple, nous montrer toujours très disponibles, surtout lorsque nos amis ont besoin d'aide. Le faisons-nous volontiers ou cela nous pèse-t-il ? En retour, quand nous avons des problèmes, éprouvons-nous le besoin de nous confier et le pouvons-nous ? Pouvons-nous compter sur nos amis ? Demandons-nous beaucoup à nos amis ? Un jour, nous pouvons être déçus ou douter de l'amitié. Quelle valeur attribuons-nous à l'amitié ? Nos relations sont-elles en cohérence avec notre nature profonde ? Il s'agit de saisir quelle sorte de liens nous unit aux autres et si cela nous convient.

Avec notre partenaire

Une relation se construit et évolue au fil des années. Les disputes sont inévitables et souvent salutaires. Mais les scènes de ménage ne sont pas obligatoires pour améliorer sa relation à l'autre ! Lorsque quelque chose nous déplaît, il vaut mieux en parler, calmement, plutôt que de crier ou encore d'attendre deux semaines, en ruminant, avant de percer l'abcès. Montrons-nous responsables et exposons tranquillement à notre moitié ce qui nous tracasse. Un échange de points de vue est toujours apaisant et libérateur. Cela permet de mettre en lumière ce que nous attendons l'un de l'autre et ce que nous pouvons donner et recevoir.

Nos relations familiales

La famille est le lieu de tous les conflits et cela dès l'enfance. Il est difficile de se séparer totalement de nos interdits conscients et inconscients. Notre objectif est de pouvoir nous exprimer librement et d'apprécier la compagnie de nos parents. Avons-nous des reproches à leur formuler ? Quelles sont nos attentes ? Quelles sont nos obligations ? Avons-nous pardonné ? Nous sommes-nous pardonnés ? Nous sentons-nous aimés ? Les aimons-nous ? Le montrons-nous ? Répondre à ces questions permet de nous alléger si des nœuds non résolus persistent.

Nos relations professionnelles

Au travail, il est fréquent de ne pas avoir de bonnes relations avec tout le monde. Cela ne nous préoccupe généralement pas. Mais, parfois, nous rencontrons de réelles difficultés à travailler avec d'autres. Il peut s'agir, par exemple, d'un chef de service zélé. Si nous nous sentons détachés par rapport à ce problème relationnel, c'est que nous sommes au clair avec nous-mêmes. Par contre, si cela nous pèse, il est alors nécessaire de nous interroger. En quoi cette relation est-elle stressante ? Qu'attendons-nous de notre supérieur ? Qu'attend-il de nous ? La relation peut-elle évoluer ? De quelle façon ? Que faut-il faire ? Quels liens souhaitons-nous entretenir avec notre entourage professionnel ?

Nous n'avons pas le temps

C'est la réponse que nous donnons lorsque nous pourrions nous faire du bien. Nous nous l'interdisons. Nous n'avons pas le temps de prendre un verre après le travail. Nous n'avons pas le temps de faire une activité artistique. Nous n'avons pas le temps de prendre un bain, etc. La prochaine fois que nous prononçons cette phrase, demandons-nous ce que nous fuyons.

À RETENIR

Être au clair avec nos relations

Lorsque nous nous sentons « obligés » de voir quelqu'un (un ami, une relation, un membre de notre famille) ou de faire quelque chose pour cette personne, examinons si cette action nous pèse. Si c'est le cas, cherchons pourquoi.

Nos liens avec le passé

Peut-être que l'autorité parentale agit encore sur nous, plus ou moins consciemment. Nos réactions actuelles nous le disent. Avons-nous systématiquement l'esprit rebelle ? Comment percevons-nous les ordres ? Restons-nous calmes dans n'importe quelle situation contraignante ou autoritaire ?

Sommes-nous dans l'urgence ?

La vie nous demande beaucoup ou plutôt nous nous laissons étouffer par notre quotidien. Nous courons dans tous les sens : après l'argent, le travail, l'alimentation, le logement… Est-il vraiment nécessaire de stresser ainsi ?

Estimons-nous

Pour vivre en harmonie avec les autres, il faut d'abord pouvoir le faire avec soi. Nous devons donc consacrer du temps pour nous connaître et nous aimer.

Se remettre en question

« Celui qui marche dans l'intégrité marche en confiance et trouvera le salut. »

Livre des Proverbes

Témoignage

« J'étais soucieuse. Victor, mon fils de 8 ans, avait de mauvais résultats scolaires. Pourtant je lui consacrais beaucoup de temps. Chaque soir, je lui expliquais les leçons qu'il ne comprenait pas. Il avait surtout des difficultés avec la grammaire française et les mathématiques. Je m'efforçais d'être patiente et je passais au moins une heure par jour à l'aider. Au deuxième trimestre, la situation ne s'était toujours pas améliorée. Je suis passée à la librairie acheter le journal et un titre sur un magazine m'a interpellée : L'échec scolaire. *J'ai pris la publication en question et j'ai dévoré le dossier. J'ai découvert que des tas de parents se posaient les mêmes questions que moi. L'échec scolaire était fréquent. J'ai même lu un témoignage qui ressemblait beaucoup à ce que je vivais avec Victor. Le point de vue des psychologues était clair : ils conseillaient d'être moins exigeants avec nos chères têtes blondes. Ils constataient que beaucoup de parents mettaient trop de pression sur leurs enfants. Il fallait les laisser respirer un peu. Les enfants ont besoin de s'amuser et de décompresser. L'article donnait des références d'ouvrages sur le sujet. J'en ai lu une bonne partie, en un temps record. Pour moi, il y avait urgence à ce que Victor ait de bons résultats. Je me suis rendu compte que je l'accaparais beaucoup trop. Je m'en occupais trop. Je ne le laissais pas vivre à*

son rythme. Je contrôlais tous les jours ce qu'il avait à faire ou je vérifiais s'il avait fait tous ses devoirs. Je ne lui rendais pas la vie facile et à moi non plus. Au final, j'ai compris que je ne faisais pas assez confiance à mon fils. Je me conduisais comme si j'étais persuadée qu'il n'y arriverait pas. J'exigeais de lui ce que j'exigeais de moi. C'était absurde. Il fallait que je modifie mon attitude. J'ai donc essayé de changer et de faire confiance à Victor. J'ai adopté un comportement différent le jour même et je lui ai dit : "Je n'ai pas le temps de m'occuper de toi ce soir. Fais ce que tu dois faire. Je suis certaine que tu le feras très bien." J'ai bien vu la surprise de Victor mais il est allé dans sa chambre et s'est mis au travail. Curieusement, je me suis sentie apaisée, détendue. Au bout d'une heure, Victor m'a annoncé qu'il avait terminé." – Veux-tu vérifier ? – Est-ce nécessaire ? – C'est comme tu veux. – Alors, ça n'est pas la peine. » En changeant mon attitude, je me suis sentie beaucoup mieux et Victor aussi. L'atmosphère est maintenant détendue et les résultats... bien meilleurs ! »

Annick, 43 ans

Un peu de théorie

Le contrôle

Comme Annick, qui vérifie si son fils parvient à faire ses devoirs, nous avons la fâcheuse manie de vouloir contrôler les choses et les gens. La porte est-elle bien verrouillée ? La lumière dans la chambre des enfants est-elle bien éteinte ? Mon e-mail est-il bien parti ? Mon mari a-t-il fait les courses ? Mon fils a-t-il descendu la poubelle ?

Toutes ces vérifications nous prennent non seulement du temps mais en plus elles nous encombrent. Pour prendre conscience de tous nos contrôles, observons-nous pendant une journée. Que vérifions-nous ? Est-ce indispensable ? Si nous sommes honnêtes avec nous-mêmes, nous reconnaîtrons que nous pouvons en éliminer une bonne partie. Nous nous sentirons peut-être moins « importants » mais plus légers.

À quoi nous accrochons-nous ?

Nous jouons tous un rôle : celui de parent, d'amant, d'enfant, de collègue, etc. Nous pouvons par exemple employer des termes peu habituels devant un client pour montrer notre professionnalisme. Si l'emploi de ce vocabulaire ne nous vient pas naturellement, si nous avons l'impression de jouer la comédie, nous avons raison. C'est le cas. Alors pourquoi continuer ? Est-ce vraiment indispensable ? Arrêtons d'imiter nos semblables et renouons avec notre véritable authenticité.

Fixons-nous de vrais objectifs

Pour nous réaliser, nous nous fixons des buts à atteindre. Cela est indispensable. Mais beaucoup de nos objectifs sont superflus et nous pourrions aisément les éliminer de notre vie. Par exemple, pourquoi nous laisser submerger par le travail ? N'est-ce pas là le signe que nous nous étourdissons pour oublier de nous connaître ? Que souhaitons-nous atteindre ? Nos objectifs nous concernent-ils directement ? Ne pouvons-nous pas ralentir le rythme et prendre le temps d'être avec nous ?

Reconnaissons nos limites

Certains veulent toujours avoir raison et c'est très agaçant pour leur entourage. Lorsque ces gens-là débattent d'un sujet, ils préfèrent camper sur leurs positions plutôt que de reconnaître qu'ils se trompent. Ils ne veulent pas perdre la face. Le jour où ils se libéreront de leur orgueil, ils se sentiront beaucoup mieux. Nous avons tous à nous défaire d'attitudes qui, non seulement, nous desservent, mais nous empêchent d'être vraiment nous-mêmes. Soyons intègres et acceptons nos limites.

Soyons honnêtes avec nous-mêmes

Nous remettre en question, c'est prendre la décision de considérer ce qui ne va pas pour y remédier. Cette démarche requiert de l'humilité puisqu'il s'agit de reconnaître nos erreurs. Cela n'est jamais agréable. Nous devons ressentir le besoin impérieux de découvrir la vérité, pour être en mesure d'examiner sans complaisance la situation. C'est le désir d'authenticité qui va nous guider dans cette phase. Soyons honnêtes avec nous-mêmes pour que la remise en question soit possible.

Exerçons notre sens critique

Nous venons de nous disputer avec notre conjoint. Nous nous isolons, en proie à une grande détresse. Le mieux à faire est tout d'abord de faire tomber l'excitation qui nous trouble. Respirons profondément. Retrouvons notre calme. N'essayons pas de voir qui a raison (dans les disputes, en général, les torts sont partagés). Considérons plutôt ce que nous n'admettons pas et ce qui nous fait souffrir. Au besoin, notons-le. Écrire permet de révéler ce qui ne va pas. Que reprochons-nous à notre conjoint ? Que voudrions-nous qu'il fasse ? S'il le faisait, comment nous sentirions-nous ? Considérons-nous cette dispute comme bénéfique ? Pourquoi ? Posons-nous toutes les questions afin de comprendre ce qui nous bloque ou nous gêne intérieurement. Lorsque nous affirmons quelque chose, comme le conseille Byron Katie [1], demandons-nous simplement : « Est-ce vrai ? ». C'est une question clé qui est au centre de la remise en question.

(1) Byron Katie, *Aimer ce qui est. Vers la fin de la souffrance*, Éditions Ariane, 2003.

À RETENIR

Abandonnons nos comportements contraignants

Arrêtons de jouer un rôle. Acceptons qui nous sommes et montrons-nous ainsi. Assumons-nous.

Cherchons à être authentiques

Chaque moment de notre vie est précieux. Ne le gaspillons pas en nous étourdissant par des activités superflues. Cherchons à nous réaliser.

Soyons gentils avec nous-mêmes

Lorsque nous décidons de nous remettre en question, il n'est pas question de nous accabler. La démarche est déjà assez douloureuse comme ça. Il n'est pas nécessaire de la rendre davantage insupportable. Accueillons nos erreurs avec bienveillance. Se tromper n'est pas très grave. C'est humain. En comprenant nos méprises, nous nous en libérons. Cela nous permet d'évoluer.

Pourquoi nous remettre en question ?

Nous pouvons continuer à vivre sans rien y changer. Mais, si au fond de nous, nous ressentons un malaise, explorer la raison de ce mal-être sera salutaire. Plus nous ferons du « ménage » intérieur, plus nous nous allégerons et plus nous nous approcherons de notre véritable nature. En nous débarrassant de ce qui est superflu et dispensable, nous sommes tout simplement nous-mêmes.

Que montrez-vous de vous ?

1) Pour vous, les mensonges, c'est :
B. Normal ! Si on disait vraiment ce qu'on pensait…
C. Nécessaire, pour ne pas faire du mal inutilement.
A. Évitable : on peut tout dire, si on le fait bien.

2) Au travail, parlez-vous de votre vie privée ?
A. Oui, je n'ai rien à cacher de spécial.
B. Jamais, ils n'ont pas à savoir.
C. Ça m'arrive, lorsqu'on déjeune ensemble par exemple.

3) Une amie a une nouvelle coupe… bizarre. Vous lui dites :
C. Ça te rajeunit cette frange !
A. Ça fait… bizarre ! Je n'ai pas l'habitude…
B. Oh, tu sais, moi, je ne suis pas très bon juge.

4) Vous vous apercevez qu'on vous ment. Votre réaction :
A. Vous demandez une explication sur le champ.
C. Vous le faites comprendre à l'autre à demi-mot.
B. Vous ne dites rien, pour voir la suite.

5) En général, que dit-on de vous ?
B. Que vous êtes très réservé.
A. Que vous êtes très franc, voire trop.
C. Que vous êtes très… diplomate.

6) Une personne que vous n'aimez pas devient votre supérieur :
C. Ça va être dur de garder son calme…
A. Vous envisagez de demander une mutation aussi.
B. Ce n'est pas grave, elle ne le sait pas !

7) Quand vous avez un avis sur quelque chose :
A. Vous le dites, spontanément.
B. Il faut vraiment vous connaître pour le savoir.
C. Vous ne le dites que si on vous le demande.

8) En réunion, vous n'êtes pas d'accord avec les autres :
B. Tant pis, le dire ne sert à rien de toute façon.
A. Vous le dites, quitte à vous faire haïr par tous.
C. Tant qu'on ne vous demande rien…

9) Votre conjoint a cuisiné un plat vraiment immangeable :
C. Vous vous forcez à en manger au moins un peu.
A. Vous le remerciez mais lui dites la vérité.
B. Vous dites que vous n'avez vraiment pas faim.

10) Vous êtes très contrarié. Quelle est votre attitude ?
B. Neutre, comme d'habitude.
A. Très expressive, vous fulminez à qui mieux mieux.
C. Vous tentez de ne le montrer qu'aux proches.

11) Selon vous, pleurer en public, c'est :
A. Complètement normal.
B. Complètement impudique.
C. Gênant mais difficile à éviter parfois.

12) La mode, pour vous, c'est :
B. Une bonne façon de jouer un personnage chaque jour
C. Une façon de vous exprimer.
A. Quelque chose de plutôt superficiel.

Connaître sa vraie nature

« La vie ressemble à un conte ; ce qui importe, ce n'est pas sa longueur, mais sa valeur. »

Sénèque

Témoignage

« C'était une phase un peu délicate. Je ne me sentais plus à ma place à mon travail mais je ne savais pas vers quoi m'orienter. Je savais qu'il fallait que je fasse autre chose, mais je ne voyais pas quoi. C'était une période très inconfortable, que je vivais très mal. En allant chez le libraire, j'ai vu le titre d'un livre qui m'a immédiatement interpellée. Je l'ai feuilleté et vite acheté. Ce livre a transformé ma vie. Bourré d'exercices, que j'ai faits consciencieusement, cet ouvrage m'a ouvert les portes de mon être. Je suis allée à la rencontre de moi-même et j'ai découvert qui j'étais réellement. Le manque de confiance en moi m'en avait empêchée jusqu'à présent. Le besoin impérieux de me réaliser m'a poussée à aller jusqu'au bout. Cette transformation s'est faite dans la joie. J'étais heureuse de me retrouver. J'ai fait sauter bien des blocages, des doutes et des peurs. J'ai pris conscience que jusqu'à présent je menais ma vie sans prendre les risques nécessaires. Mes efforts jusqu'alors n'engageaient pas mon être en profondeur. Mais là, j'ai décidé d'avancer sans bouée de sauvetage, avec mon intériorité comme guide.

Jusqu'à présent, si je travaillais trop, c'était pour m'oublier. Je ne souhaitais pas me voir. J'étais très occupée. J'ai retrouvé le sentiment de sécurité. Je croyais à nouveau en moi. J'ai pris de l'assurance et j'ai pris conscience de ce que j'aimais et de ce que je n'aimais pas. J'ai reconnu que j'avais certains talents. J'ai renoué avec l'espoir et le sens du possible. J'ai réalisé que la peur me dirigeait et m'empêchait d'oser. Je me suis engagée à être intègre avec moi quoiqu'il arrive. La lecture de ce livre a eu un effet libérateur. Je me suis sentie soulagée, apaisée, confiante. Désormais, j'allais me diriger vers un travail davantage en accord avec moi. Cela a pris un peu de temps, mais, petit à petit, ma situation s'est clarifiée. Plus j'avançais, plus j'apprenais sur moi et plus mes objectifs se précisaient. Jusqu'au jour où j'ai vraiment réussi à faire ce que j'avais envie : des documentaires. J'ai trouvé le courage nécessaire pour changer de cap. J'ai réalisé cinq films. Ensuite, les événements m'ont amenée vers une autre activité, liée à la précédente, l'écriture. Je sais désormais qu'il ne sert à rien de s'attacher à un travail. L'important est de parvenir à faire ce que nous aimons. Tout s'enchaîne naturellement quand nous n'opposons pas de résistance. Aujourd'hui, je prends les choses comme elles viennent. J'ai confiance en la vie. »

Camille, 49 ans

Un peu de théorie

Que souhaitons-nous ?

Désirons-nous vivre avec un sentiment de malaise ? Non, bien sûr. Souhaitons-nous demeurer avec nos blocages ? Non. Ce que nous souhaitons tous, c'est le bonheur. Voilà, le mot est lâché. Pour le connaître, il faut savoir ce qui nous rend heureux. Le bonheur est un état qui s'éprouve. Le lâcher-prise y conduit car il donne accès à notre sagesse intérieure. Cette intelligence connaît nos véritables besoins en matière de bonheur.

Un choix de vie

Chacun mène la vie qui a priori lui correspond. Mais, si nous y regardons de plus près, nous nous apercevons que les personnes satisfaites de leur vie sont assez peu nombreuses. Elles sont confrontées à des situations de manque et sont insatisfaites. Si nous voulons avoir une vie qui nous comble, il faut s'en donner la peine. C'est un choix. Cela requiert du courage et de la volonté. Et c'est à la portée de tout le monde.

Découvrons nos vrais désirs

Le mot désir ne concerne pas ici le désir charnel ou toutes les envies vite rassasiées que nous pouvons avoir, comme une voiture, une glace ou une maison. Le désir dont nous parlons correspond à une aspiration profonde. Il s'agit de savoir ce qui nous fait « vibrer » dans la vie. Nos désirs sont bien souvent enfouis en nous, sous un tas de contraintes et de freins qui nous empêchent de les découvrir. Ils sont synonymes de plaisir. Pour les connaître, posons-nous la question : qu'est-ce que nous aimons ou aimerions faire ? Qu'est-ce qui nous empêche de le faire ?

Du temps pour nous

Nous pouvons dès maintenant faire un pas pour obtenir davantage de satisfactions dans notre vie. Au lieu de consacrer du temps à des tâches qui nous ennuient, essayons de l'employer à nous faire plaisir. Pour cela, regardons à quoi nous consacrons trop de temps. Quelles sont les activités « incontournables » qui nous ennuient ? Pouvons-vous réduire ce temps voire arrêter ces tâches (ou les déléguer) ?

Nous réaliser

Comme le dit si justement Michel Lacroix [1] : *« L'être humain ressent des besoins d'un niveau supérieur* [...] *qui se traduisent par une aspiration à l'accomplissement de soi. »* Ce désir intérieur nous pousse à nous accomplir. Sa présence nous guide vers notre potentiel à exploiter. Ce désir impérieux est donc très précieux car, si nous l'écoutons et le suivons, nous connaîtrons l'épanouissement personnel. Ce besoin nous amène à nous détacher de tout ce qui nous encombre, à nous libérer de tout ce qui nous empêchait jusqu'à présent de nous réaliser.

Nos intentions

Nous agissons en fonction de nos intentions. En effet, nous décidons de notre vie et la mettons en œuvre grâce au processus de l'intention. Soyons attentifs à ne pas nous laisser ballotter par les événements. Cessons de nous effondrer au moindre problème. Cécile Kapfer[2] emploie les termes d'« intention vraie » et d'« intention en conscience ». Elle indique qu'il est « important de vivre en conscience, parce que cela nous permet d'intégrer nos expériences ». Ainsi, nous ne subissons pas notre vie mais nous la vivons pleinement. Nous prenons les choses en main et nous les assumons.

Qui sommes-nous ?

Lorsque nous quittons le domaine des pensées pour entrer dans celui de la compréhension, nous atteignons un certain degré de conscience, qui, si nous persévérons, peut nous conduire à notre vraie nature. C'est le siège de la vie au présent. C'est là que réside le soi. *« Le moment présent ne fait qu'un avec la conscience que nous en avons »*, nous dit Guy Finley[3]. Nous sommes nous-mêmes lorsque nous vivons ici et maintenant. Ne cherchons pas à être quelqu'un. Contentons-nous d'être.

(1) Michel Lacroix, *Se réaliser*, Robert Laffont, 2009.
(2) Cécile Kapfer, *La Voie de l'intention ou Comment choisir sa vie*, Éditions Dervy, 2009.
(3) Guy Finley, *Vivre et lâcher prise*, Les Éditions de l'Homme, 2005.

À RETENIR

Rapprochons-nous de nos désirs

Si nous ne savons pas exactement quels sont nos désirs, c'est que nous devons vraisemblablement éliminer des blocages. Ne focalisons pas notre attention à les trouver. Notre cœur nous dira à quoi il aspire au bon moment. Confectionnons plutôt un gâteau ou allons marcher. Cela calme le mental et nous pouvons alors entendre les messages que nous délivre notre intuition.

Toutes les réponses sont en nous

Dans le calme intérieur, nous trouvons toutes les réponses à nos tourments.

Apprenons à être

À travers nos diverses expériences, nous pouvons nous libérer de tout ce qui nous empêche d'atteindre notre véritable nature. Elles nous permettent de franchir des étapes qui nous amènent à être de plus en plus authentiques, au fur et à mesure que nous nous dépouillons de tout ce qui nous gêne.

L'équilibre intérieur

Lorsque nous faisons une activité qui nous correspond réellement, nous nous sentons en accord avec nous-mêmes. Nous effectuons la chose juste. C'est pourquoi nous ressentons une harmonie intérieure. exemple, quand nous admirons la nature.

Notre vraie nature

Nous la découvrons en vivant dans l'instant présent.

Revisiter ses émotions

« L'orgueilleux aimera mieux se perdre que de demander son chemin. »

Charles Churchill

Témoignage

« Je réagis toujours très fortement, depuis que j'ai 7 ans, au contact des autres ou des lieux. Je ne saisis pas trop bien pourquoi je suis aussi sensible. C'est une sorte de don. Lorsque je rencontre une personne pour la première fois, mes émotions m'avertissent. Si, par exemple, je ressens de l'angoisse, je sais qu'il vaut mieux que j'évite l'individu en question. Parfois, c'est une véritable peur qui m'empoigne : mes poils se hérissent, je transpire. C'est très alarmant. Mais j'ai aussi des émotions plus heureuses. Avec certains, je me sens profondément calme et détendue, parfaitement à l'aise. Je sais dans ce cas que je peux avoir confiance en eux et que j'ai tout intérêt à approfondir la relation. Mais j'ai mis du temps à reconnaître mes émotions. Au début, je ne comprenais pas vraiment pourquoi je réagissais ainsi. Quand j'avais peur, j'essayais de faire abstraction, en me disant que c'était ridicule. Je ne comprenais pas ce qui m'arrivait et personne ne pouvait me l'expliquer. Quand j'en parlais à mes parents ou à mes copines, ils souriaient, se moquaient un peu de moi et je sentais bien qu'ils ne me croyaient pas vraiment. Ils pensaient que je me faisais des idées. J'ai dû faire mon apprentissage, seule. J'ai écouté ce que mes émotions voulaient me dire. Je me suis surtout rendu compte qu'elles ne se trompaient jamais. Quand je ressentais de la crainte, que ma gorge se nouait et qu'une sensation de froid

m'envahissait, je savais qu'il y avait un danger. Mon émotion me mettait en garde. Il était dangereux pour moi de m'aventurer davantage. La sagesse me conseillait d'arrêter. C'est parce qu'une fois je n'ai pas voulu écouter mes émotions, alors que j'aurais dû, que j'ai vraiment accepté de le faire par la suite. J'ai rencontré un homme qui me plaisait, mais au début de notre relation, à chaque fois que je le voyais, j'avais froid et je me sentais terriblement angoissée. C'était une peur profonde qui m'étreignait et je ne comprenais pas pourquoi. J'aurais vraiment dû m'écouter car j'ai beaucoup souffert par la suite. L'homme qui me mettait si mal à l'aise ne m'aimait pas et était néfaste pour moi. Il me harcelait. J'ai mis du temps pour rompre définitivement avec lui. Cela a été un passage très douloureux. Mais aussi une bonne leçon. Dorénavant, j'essaie de prêter attention à ce que je ressens. Je suis très vigilante. Je sais que mes émotions me signalent un danger quand il existe réellement. »

Anne, 32 ans

Un peu de théorie

Les émotions, un précieux indicateur

Les émotions sont le reflet de nos pensées ou plus exactement la conséquence de nos pensées. Par exemple, lorsque nous pensons que nous allons tomber, nous ressentons de la peur. Nos émotions émettent des signaux. Si nous n'avons pas été assez vigilants et qu'une pensée nocive a fait son œuvre, une émotion va nous l'indiquer. Si nous sommes agacés par exemple, nous allons pouvoir remonter à l'origine de notre énervement : qu'est-ce qui a bien pu nous mettre dans cet état ? Ainsi, chaque émotion nous informe et nous permet de décrypter ce qui nous arrive. Grâce à ce cheminement, nous pouvons remettre en question la pensée ayant généré l'émotion.

Analysons notre ressenti

En prêtant attention à ce que nous ressentons, nous pouvons savoir tout d'abord si cela nous est agréable ou pas. Les pensées dont nous ne voulons pas, engendrent bien sûr des émotions négatives. Leur ressenti sera désagréable. Mais cela n'est jamais négatif en soi. Ce qui est important c'est de voir le message que notre ressenti nous adresse. Certaines émotions vont nous faire souffrir. Même si ces émotions sont pénibles, ne les rejetons pas. Essayons au contraire de les analyser. Que nous disent-elles ?

Assumons nos émotions douloureuses

Les émotions qui expriment la souffrance ne sont pas bien vues. Nous les cachons. Nous attendons de nous trouver seuls, par exemple, pour laisser exploser notre tristesse. De même, nous sommes mal à l'aise devant une personne en pleurs. Pourtant, il est nécessaire d'exprimer ses émotions. Cela permet de les comprendre et d'y faire face.

Reconnaissons nos émotions

Il n'est pas toujours aisé de mettre un mot sur notre ressenti. La principale raison c'est que lorsque nous la vivons, nous sommes sous sa coupe. Mais pour comprendre ce qui se passe en nous, il faut pouvoir dire notre ressenti, avec des mots. Le dire est le moyen de reconnaître notre émotion (par exemple : « Je suis en colère »).

Les émotions douloureuses nous indiquent que quelque chose ne va pas. La souffrance est insupportable, ce qui nous oblige à y remédier. Les émotions nous poussent à agir et elles nous sont fort utiles. De même, les émotions positives nous transportent. Ainsi, celle de l'enthousiasme nous permet de soulever des montagnes et d'aller jusqu'au bout d'un projet.

Apprenons le langage de nos émotions

Le plus simple est de commencer à exprimer ce que nous ressentons quand rien de particulier ne nous arrive. Lorsque nous sommes au bureau et qu'une journée tranquille démarre, nous pouvons dire : « Je me sens bien ». Dans la rue, nous marchons d'un pas alerte, le cœur joyeux. Nous pouvons dire : « Je suis joyeux ». Nous entraîner à décrypter nos émotions est un excellent exercice pour comprendre par la suite ce qu'un événement déclenche en nous.

Dialoguons avec nos émotions

Les émotions sont de précieuses alliées car elles nous renseignent sur ce que nous pensons. En dialoguant avec elles, nous parvenons à modifier nos pensées et notre état émotif. Par exemple, lorsque nous n'allons pas bien, nos émotions nous l'indiquent. Dans le même temps, elles nous incitent à agir pour changer notre état. Nous nous ressaisissons et reprenons espoir. Là encore, nos émotions nous le soulignent.

Que se passe-t-il en nous ?

Une émotion désagréable est le signal que nous devons changer. Arrêtons-nous et clarifions ce qui se passe en nous. Essayons de comprendre ce que nous ressentons vis-à-vis de la situation actuelle. Ensuite, examinons ce que nous voulons. Que devons-nous faire pour transformer les choses ? À la lumière de notre réponse, nous pouvons agir.

Évoluons grâce à nos émotions

Une émotion est tenace : si nous ne comprenons pas son message, elle reviendra jusqu'à ce que nous l'ayons saisie. Les émotions nous poussent sur le chemin du développement. Elles nous aident à nous améliorer.

Vivons heureux

Cultivons les émotions qui nous font du bien plutôt que de nous laisser envahir par celles qui nous font souffrir. Adoptons une attitude joyeuse et les préceptes de la psychologie positive. Nous pouvons choisir de vivre mieux si nous abordons la vie avec davantage de bienveillance et de confiance.

À RETENIR

Le reflet de nos pensées

Les émotions nous enseignent sur la nature de nos pensées, d'où la nécessité de rester positif.

Nous connaître

Les émotions nous montrent où nous en sommes dans notre cheminement. Lorsque nous sommes sereins, nos émotions le sont aussi. Plus nous faisons attention à leur signification et plus nous comprenons qui nous sommes. Les émotions nous éclairent sur nos valeurs.

Les émotions nous guident

Lorsque nous prenons une décision, soyons attentifs à ce que nous ressentons. Nos émotions nous indiquent si nous agissons en accord avec nous-mêmes ou pas.

Soyons à l'écoute

Si nous sommes pris dans le tourbillon de la vie, nous aurons des difficultés à ressentir ce que nous éprouvons. Nous risquons d'être submergés par trop d'émotions à la fois. Arrêtons-nous afin d'adopter un rythme plus apaisé. Les émotions demandent à être assimilées.

La colère

« Quand le sage est en colère, il cesse d'être sage. »

Le Talmud

Témoignage

« Je suis rentré à la maison, un soir, dans un grand état de nervosité. J'ai conscience d'avoir été très irascible envers Violaine, ma compagne, alors qu'elle ne le méritait pas. J'étais fermé, maussade. Je ne parvenais pas à exprimer ce que je ressentais. À table, j'ai injustement crié après elle, lui reprochant d'avoir préparé un plat que je n'aimais pas. Je suis allé dans la cuisine pour me faire autre chose. J'étais dépité. Pourquoi étais-je aussi désagréable avec Violaine ?

Quand je suis revenu près d'elle, elle avait terminé son repas. Violaine a pris son assiette et ses couverts, et a regagné la cuisine, en silence. J'ai senti que j'avais dépassé les bornes. Je suis allé la retrouver et je l'ai priée de m'excuser. Mais elle ne me répondait pas. Elle faisait la vaisselle, sans dire un mot. J'ai essayé d'y voir clair en lui disant que j'avais passé une sale journée : "Quand je suis arrivé à l'agence ce matin, j'ai appris que mon client, avec qui je devais signer un gros contrat avait décommandé. Cela signifie qu'il est allé chez un concurrent et que je vais réaliser un très mauvais chiffre ce mois-ci. L'agence a déjà licencié deux collègues, en raison du faible volume de ventes qu'ils ont effectué. J'ai peur qu'il ne m'arrive la même chose. Le secteur ne se porte pas bien et beaucoup d'entreprises ferment. Le directeur d'agence est très inquiet et l'ambiance est assez stressante." Au fur et à mesure que j'expliquais à Violaine ce qui m'arrivait, je comprenais que j'avais très peur. C'était la peur qui me rendait insupportable avec elle. Je me suis souvenu que sur la route, je m'étais défoulé au volant, en pestant après tous les chauffards, ce que je ne fais que très rarement. Je devenais odieux. J'étais en colère contre la fragilité de ma situation. Plus exactement, j'étais en colère contre moi-même parce que je ne parvenais pas à obtenir des contrats. Je voulais absolument conserver mon emploi. Je me sentais extrêmement menacé. La peur me faisait perdre tous mes moyens. Heureusement, Violaine a compris et a contribué à me calmer : "David, tu n'as pas en t'en vouloir si les gens ne signent pas. C'est le contexte économique qui est en cause. Essaie plutôt de voir combien de temps ton agence peut tenir ainsi. Discute avec ton directeur. Et si tu dois changer d'emploi, ça n'est pas dramatique." J'ai retrouvé mon calme. Depuis, la situation s'est un peu arrangée et j'ai conservé mon emploi. Cet épisode m'a permis de prendre conscience des dégâts que je pouvais faire lorsque je ne faisais pas attention à ce que je ressentais. Désormais, j'essaie de ne plus me laisser entraîner par mes émotions. Je m'efforce de les comprendre. »

David, 36 ans

Un peu de théorie

Qu'est-ce que la colère ?

La colère est une émotion qui nous indique notre insatisfaction. Elle nous signale que quelque chose ne va pas. Nous sommes perturbés, mal à l'aise. Nous devenons agressifs, tendus.

Comment se manifeste la colère

Le comportement colérique peut aller du simple agacement jusqu'au coup de pied dans la porte. Plus la colère est contenue, plus son expression est forte lorsqu'elle sort. La colère est assez primitive. Lorsque nous laissons exploser notre colère, nous avons du mal à nous contrôler. L'expression « il est hors de lui » montre à quel point il est difficile de la maîtriser. La folie peut aisément nous gagner. Nous pouvons nous laisser emporter par la colère et faire n'importe quoi. La colère démarre avec des signes annonciateurs comme l'anxiété ou l'impatience. Cette sensation n'est pas agréable. Nous savons que quelque chose nous contrarie. Si nous ne faisons rien pour y mettre un terme, nous devenons sensibles aux événements qui, généralement, nous laissent indifférents. Une situation (de trop) va déclencher la colère. C'est un peu comme une soupape qui, tout d'un coup, jaillit. En explosant, nous montrons que nous avons perdu le contrôle. De ce fait, nous nous sentons encore plus vulnérables.

Après quoi nous mettons-nous en colère ?

La colère est rarement dirigée contre ce qui l'a provoquée. Comme David, qui se met en colère après Violaine : Violaine n'a pourtant rien fait pour provoquer une colère aussi démesurée. L'emportement de David contre sa compagne n'est pas justifié. Son expression prouve que des événements antérieurs l'ont troublé. David va, fort heureusement, chercher quelle est la véritable raison de sa colère. Il va s'apercevoir qu'il a peur de perdre son emploi parce qu'il ne remporte pas suffisamment de contrats. Sa colère est donc dirigée contre lui-même. C'est généralement le cas : notre colère est dirigée contre nous. Quelque chose nous contrarie. Nous nous sentons impuissants. Mais la colère peut aussi être dirigée contre une personne : un parent autoritaire ou blessant par exemple.

Décelons à temps ce qui nous déplaît

Pour éviter de nous mettre en colère, il faut prendre conscience que quelque chose ne nous satisfait pas et y remédier. Avec un peu d'entraînement, nous pouvons aisément y parvenir. Pour cela, il faut prêter attention à ce que nous ressentons, en arrière-plan. Reprenons l'exemple de David. Il se met en colère après sa compagne parce qu'elle a préparé un plat qu'il n'aime pas. Le plat a déclenché la colère de David car c'est une insatisfaction de trop. Il ne peut plus en supporter davantage.

En remontant dans le temps, David va se souvenir qu'il n'a pas remporté le contrat qu'il escomptait dans la journée, ce qui a mis en route le mécanisme de la peur. Au lieu d'aller voir son responsable et de discuter calmement avec lui de la situation, David a alimenté son anxiété toute la journée. Il a été de plus en plus en colère contre lui, car incapable d'obtenir des contrats. La colère doit s'exprimer à un moment donné pour que la situation reste viable. C'est ce que David a fait, mais un peu tardivement, d'où une colère inappropriée et démesurée. Il vaut mieux essayer d'y voir clair dès que quelque chose nous agace. Il faut s'efforcer de comprendre ce qui nous arrive pour pouvoir y remédier.

Mettons des mots

Pour comprendre ce qui a déclenché notre colère, il faut nommer les choses. « Je suis en colère parce que je n'arrive pas à gagner correctement ma vie ». À partir de là, il faut s'interroger : « Que puis-je faire pour gagner correctement ma vie ? ». Cela permet d'agir dans la bonne direction.

À RETENIR

Un signal

La colère nous permet de constater que nous ne parvenons pas à obtenir ce que nous voulons. Ce sentiment désagréable est un signal fort. Grâce à lui, nous pouvons nous interroger et trouver des solutions. Plus nous prenons rapidement conscience de notre colère, plus vite nous pouvons remédier à ce qui nous déplaît.

Exprimons notre colère

Si nous n'exprimons pas notre colère, nous risquons de nous rendre malades. Nous pouvons alors alimenter des sentiments de rancune et de frustration. Il faut que la colère puisse sortir. Plus nous contenons notre colère, plus nous aurons du mal à contrôler son expression.

Reconnaissons notre colère

Lorsque la colère s'exprime, il faut la considérer comme telle. Nous sommes en colère, soit. Cette prise de conscience va nous permettre de clarifier notre situation. Pourquoi sommes-nous en colère ? Qu'est-ce qui a bien pu déclencher cette émotion ? Remontons le fil du temps pour arriver à la source de la colère.

Transformons notre colère

La colère nous sert de guide. Il faut être à son écoute et avoir le réflexe de chercher ce qui l'a créée. Ainsi, nous serons en mesure de mettre à profit son existence. Nous trouverons des solutions satisfaisantes et pourrons obtenir des changements heureux.

Quel type de colère vous caractérise ?

1) Selon vous, se laisser envahir par la colère, c'est :
A. Quelque chose d'impossible à contrôler.
B. Quelque chose que vous ne connaissez pas.
C. Quelque chose qui arrive souvent trop tard.

2) Quand vous êtes en colère :
B. Vous la contenez autant que possible.
A. Vous la laissez éclater facilement.
C. Vous préférez vous isoler un moment.

3) Votre supérieur vous fait une critique injustifiée :
C. Vous lui demandez de préciser son propos.
A. Vous lui proposez votre démission.
B. Vous vous en voulez de ne pas oser lui répondre.

4) Un collègue fait courir une rumeur négative sur vous :
B. Vous attendez votre heure pour vous venger.
A. Vous le coincez sur le parking pour vous expliquer.
C. Vous allez voir votre supérieur pour la démentir.

5) Un poivrot vous insulte dans le bus :
A. Vous répliquez en le traitant d'alcoolique.
C. Vous vous éloignez de lui, au cas où.
B. Vous vous dites : "Même lui ne me respecte pas."

6) Ce matin, tout marche de travers… Comment réagissez-vous ?
B. Vous êtes de mauvaise humeur toute la journée.
A. Vous éclatez sur le premier stagiaire qui passe.
C. Vous prévenez vos collègues : pas disponible !

7) Au restaurant, un serveur vous ignore. Vous pensez plutôt :
A. Quel incompétent !
B. Je ne lui laisserai pas de pourboire !
C. Il a dû m'oublier…

8) Quand vous perdez aux cartes, vous réagissez en :
A. Jetant vos cartes et en refusant de continuer.
C. Rigolant : malheureux au jeu… heureux en amour !
B. Faisant la tête, mais vous continuez à jouer.

9) Pour compenser votre mauvaise humeur, vous seriez plutôt :
B. Chocolat : c'est un antidépresseur, paraît-il !
A. Sport : pour vous défouler, rien de mieux !
C. Amis : un bon fou rire fait oublier les soucis !

10) Un jeune vous double dans la queue du supermarché :
A. Vous piquez un scandale pour lui faire honte.
C. Vous demandez calmement la raison de son geste.
B. Vous lui lancez des regards furieux sans rien dire.

11) Si vous deviez vous améliorer sur un point, ce serait :
C. Ne plus vous poser tant de questions.
A. Ne plus vous emporter pour des broutilles.
B. Ne plus vous remettre en cause systématiquement.

12) Si vous deviez définir votre colère, ce serait :
A. Une tornade force 8.
B. Un orage qu'on sent arriver de loin.
C. Un bon coup de vent marin.

L'envie

« Envier, c'est se reconnaître inférieur. »

Pline le Jeune

Témoignage

« J'ai mis un certain temps avant de me rendre compte que j'enviais un ami, Philippe, qui m'est pourtant très cher. Je lui disais qu'il avait beaucoup de chance mais, au fond de moi, son succès auprès des femmes et sa réussite professionnelle m'agaçaient. Il est vrai que pour moi les choses n'allaient pas très fort. Je ne parvenais pas à trouver un poste à la hauteur de mes exigences. Je voulais que mes capacités soient reconnues, mais comme je démarrais, ça n'était évidemment pas possible. Je devais faire mes preuves. Côté cœur, j'étais toujours seul et je faisais peu de conquêtes. J'étais moins charmant que Philippe, qui séduisait immédiatement les personnes qu'il côtoyait. Sans en avoir vraiment conscience, je me comparais à lui et, bien sûr, cela n'était pas à mon avantage. J'ai compris que je l'enviais lorsqu'il m'a demandé pourquoi j'étais énervé. Nous étions à une soirée et Philippe était brillant, comme d'habitude. Moi, j'essayais de faire de mon mieux mais je me sentais minable. Je crois que j'ai un peu trop bu ce soir-là et je me suis montré irascible envers lui alors qu'il n'y avait aucune raison de l'être. J'étais jaloux de sa position, je l'enviais. J'avais honte de ressentir cela. Je me suis senti encore plus minable. Cela m'a dégrisé. Je suis rentré chez moi et j'ai réfléchi. Il était temps de me prendre en main et d'arrêter d'observer ce que vivait Philippe. Si je l'enviais, c'est que quelque part je pensais pouvoir obtenir les mêmes succès. Il fallait que j'essaie d'y parvenir au lieu de demeurer dans cette position

de jaloux honteux. Que devais-je faire pour y arriver ? Être plus gai, être moi-même. Je devais cesser de regarder autant mon ami. C'était essentiel. Je devais croire en moi, en mon potentiel. Je n'ai pas dormi cette nuit-là. J'avais trop besoin de faire le point et d'aller de l'avant. Je ne voulais plus souffrir car cette jalousie était douloureuse. J'ai passé mon dimanche à étudier la situation, à voir ce que j'enviais chez Philippe pour vérifier si je possédais ses qualités. Philippe semblait à l'aise partout. Je ne l'étais pas mais je voulais l'être. Je devais donc faire en sorte de le devenir. J'ai compris que je devais progresser sur deux aspects : le relationnel et mon estime personnelle. En fait, cette jalousie m'a aidé à y voir plus clair. Je me suis fixé des objectifs, comme essayer de faire abstraction du regard des autres. Cela me perturbait. J'ai revisité mon passé : beaucoup d'événements me prouvaient que j'étais capable d'avoir de bonnes relations. Il fallait donc que je retrouve un peu plus de confiance en moi. J'ai listé de nouvelles résolutions et je me suis senti plus serein. La jalousie m'a servi à progresser. »

Jérémy, 29 ans

Un peu de théorie

Distinction entre l'envie et la jalousie

Nous assimilons fréquemment l'envie à la jalousie, pourtant ces deux émotions sont différentes. *« L'envie*, nous dit le Petit Robert, *est un sentiment de tristesse, d'irritation et de haine qui nous anime contre qui possède un bien que nous n'avons pas. »* L'envie nous fait croire que notre situation serait meilleure si nous avions ce que l'autre détient. La jalousie, par contre, c'est vouloir conserver ce qui nous appartient ou que nous croyons nous appartenir. La jalousie est liée à l'amour et elle implique trois personnes. Le jaloux craint, par exemple, qu'un autre ne lui enlève sa bien-aimée. L'émotion qui nous intéresse ici concerne l'envie.

Un sentiment honteux

L'envie est mal vécue car elle est mêlée à de la honte. Nous la camouflons. Ainsi Jérémy n'en a pas parlé à son ami. Il s'est retiré seul chez lui pour y réfléchir. C'est un sentiment qui ne nous procure aucun plaisir. La honte apparaît car nous réalisons qu'il nous manque quelque chose pour être accomplis.

Un sentiment bâti sur le manque

L'envie repose sur le manque. La publicité l'a bien compris et l'utilise à outrance : achetons cette voiture pour nous sentir bien ! Nous pouvons ressentir de l'envie pour des choses très diverses mais cela ne concerne pas uniquement la sphère matérielle. Nous pouvons envier quelqu'un, comme c'est le cas pour Jérémy.

Des sentiments troubles

L'envie est accompagnée d'impressions pas toujours aisées à distinguer. Nous pouvons ressentir de la colère, de la rancune, de la tristesse voire de l'avidité. Ainsi, Jérémy est en colère contre lui-même car il n'est pas aussi brillant que son ami. Son inaptitude à briller l'énerve. Poussée à l'extrême, l'envie peut engendrer de la haine. Jérémy aurait pu haïr Philippe s'il n'avait pas mené son analyse.

Les origines de l'envie

La psychologie constate que l'envie peut naître dès le stade du nourrisson, lorsque son besoin en lait n'est pas satisfait par exemple. L'envie peut survenir plus tard avec l'arrivée d'un petit frère ou d'une petite sœur. L'enfant doit alors partager l'amour de ses parents avec le nouveau venu. Il envie la place choyée qui est attribuée à ce dernier. Si la famille ne correspond pas à ce que nous attendons sur le plan financier par exemple, là encore, nous pouvons envier ceux qui vivent dans le confort. Nous sommes donc inégaux face à l'envie.

Sachons interpréter nos envies

Lorsque nous envions quelqu'un ou quelque chose, c'est parce que notre situation ne nous satisfait pas. Encore faut-il décrypter ce que nous souhaitons. Dans le cas de Jérémy, il envie Philippe parce qu'il veut être à l'aise avec les autres et réussir professionnellement. Il se sent incapable et a peur de ne pas connaître les succès qu'il recherche. La peur est souvent présente dans ce type d'émotion : nous envions parce que nous craignons. Prenons le temps de comprendre nos envies, elles peuvent nous être fort utiles dans notre vie.

Nos envies sont des pistes

Observons nos envies. Par exemple nous envions telle personne parce qu'elle réussit dans telle discipline. L'envie est souvent proche de l'admiration mais nous y mêlons une sorte de cruauté. Si la personne que nous envions connaît un insuccès, nous sommes ravis. C'est assez malsain, mais il faut admettre que nous ne sommes pas toujours des anges. Par contre, il n'est pas souhaitable d'entretenir de tels sentiments. Cherchons plutôt à voir pourquoi nous réagissons ainsi. Ne serait-ce pas parce que nous sommes doués pour la même discipline ?

Sortons de nos envies

Pour nous libérer de nos envies, il faut agir. Une fois que nous en avons pris conscience, examinons comment faire pour sortir de ce cycle infernal et réussir à nous assumer. Apprenons à canaliser cette énergie nuisible pour la transformer dans notre propre intérêt. Qui envions-nous ? Pourquoi ? Quelle action devons-nous entreprendre ?

À RETENIR

Les émotions accompagnant l'envie

L'envie est mal vécue, d'autant plus qu'elle génère des émotions très diverses et peu plaisantes, comme la colère, la peur, la tristesse et même la haine.

Le manque est lié à l'envie

C'est parce que quelque chose nous manque que nous envions quelqu'un ou quelque chose. L'envie prend naissance à partir d'une insatisfaction.

Interprétons nos envies

Nos envies nous signalent que nous avons besoin de quelque chose. Sachons dépister ce qui nous manque. Étudions nos réactions et nos ressentis.

Nous épanouir grâce à l'envie

En réalisant que nos envies correspondent à des manques intérieurs, nous pouvons mettre en œuvre des actions pour les combler. Nous pouvons faire de nos envies des précieux alliés pour débusquer nos talents et développer notre potentiel.

La culpabilité

« Tu vis continuellement une fable et tu ne t'en aperçois pas. »

Hugo Pratt

Témoignage

« J'ai pris conscience récemment d'une culpabilité qui me gâchait la vie sournoisement. J'essayais de ne pas y prêter attention lorsque ce sentiment désagréable pointait le bout de son nez. Mais un jour, je ne sais pas trop pourquoi, j'en ai eu assez et j'ai vraiment réfléchi. Je dirige un cabinet d'expertise comptable et mes affaires sont plutôt florissantes. Mon chiffre d'affaires augmente chaque année et mes clients sont de plus en plus importants. J'ai démarré seul alors qu'aujourd'hui nous sommes quinze. Je m'en félicite. Mais, curieusement, je me sentais coupable de réussir professionnellement et d'avoir de l'argent. À chaque nouveau contrat, je me réjouissais mais pas autant que je l'aurais souhaité. J'avais toujours une impression de mal-être lié à de la culpabilité. Trop affairé par mon travail, je n'y prêtais pas suffisamment attention et donc j'ai vécu ainsi pendant dix ans. Je venais de boucler mon exercice et j'avais encore obtenu une progression de 5 % de mon chiffre d'affaires. Au lieu de me réjouir, je me suis senti fautif. Je me suis demandé pourquoi. En quoi était-ce mal de gagner de l'argent ? J'ai réfléchi. Mes parents viennent d'un milieu modeste et vivent simplement. J'ai un frère, plus âgé, qui est employé par une société de gardiennage. Je sais qu'il ne gagne pas beaucoup. Je me suis demandé si ma culpabilité ne pouvait pas venir de cette différence. Je gagne très bien ma vie. Je suis propriétaire d'une maison. Ma femme travaille aussi et nous sommes donc très à l'aise

financièrement. J'ai souvent proposé d'aider mes parents s'ils en avaient besoin mais ils m'ont toujours dit que ça allait bien. Il est vrai que je suis toujours un peu gêné lorsque je vais les voir. Je préfère les recevoir. J'essaie toujours de leur faire plaisir. Mais, quand ils viennent je me sens coupable d'être heureux et de réussir, car je sais que leur vie n'a pas été facile. J'ai pris conscience que je me sentais coupable de mon bonheur et de mon succès, ce qui était ridicule. Je n'avais pas à faire comme mes parents. À chacun de choisir la vie qui lui va. J'avais pris des cours du soir pour devenir expert comptable et je travaillais dans la journée. J'avais mérité mon succès actuel. J'ai pris conscience que j'étais également mal à l'aise avec mon frère qui ne faisait pas un travail qui lui plaisait. Mais qu'y puis-je dans le fond ? Chacun est responsable de sa vie. Je ne devais pas m'encombrer du fardeau d'un autre. J'ai compris ainsi que ma culpabilité venait de mon enfance. Mes parents avaient souvent des difficultés financières et je devais, en quelque sorte, faire de même. Depuis cette prise de conscience, je me sens beaucoup mieux et je sais désormais profiter de chaque nouveau contrat. Ma joie est entière ! »

Denis, 45 ans

Un peu de théorie

Une affaire de conscience

Se sentir coupable est lié à la conscience. C'est notre conscience qui nous indique si ce que nous faisons est bien ou pas. Lorsque nous sommes coupables, notre conscience nous avertit que nous agissons en désaccord avec nos propres valeurs. Si nous ne possédions pas ce code moral, nous pourrions tuer notre prochain sans état d'âme. La culpabilité nous indique que nous devons étudier ce qui crée ce malaise. C'est la seule façon d'y remédier pour ne plus ressentir cette émotion peu agréable.

En rapport avec nos agissements

La culpabilité apparaît lorsque nos comportements, nos pensées ou nos actions ne coïncident pas avec notre intégrité. Elle nous signale que nos agissements ne sont pas bons. Ce que nous faisons n'est pas bien ou ce que nous pensons ne correspond pas à notre éthique.

Les tiraillements de la culpabilité

La culpabilité nous met dans des états émotionnels très inconfortables. Elle agit en arrière-plan et nous tient sous sa coupe. C'est un sentiment persistant qui, tant que nous ne l'avons pas analysé, demeure en nous.

Cessons d'alimenter notre culpabilité

Il nous arrive de regretter nos actes et de culpabiliser. Mais, au lieu d'accepter notre erreur et d'essayer de nous pardonner, nous alimentons la plupart du temps un discours intérieur qui ne fait que renforcer notre culpabilité : « Oh, si seulement je n'avais pas eu ce problème de train, j'aurais pu trouver une boutique encore ouverte et faire un dîner de fête. » Nous aimons bien, en règle générale, dramatiser nos situations et faire des suppositions de toutes sortes. Nous en rajoutons alors qu'il serait beaucoup plus simple de changer notre attitude.

Que regrettons-nous ?

Pour nous débarrasser de notre culpabilité, examinons ce qui nous fait souffrir. Que regrettons-nous ? Est-ce en rapport à des événements qui auraient dû se passer ? Soyons réalistes : est-ce que les choses auraient pu vraiment se produire différemment ? La réponse est non.

Acceptons

Nous ressentons de la culpabilité. Acceptons entièrement cette émotion. Portons notre attention sur elle. Avons-nous encore des regrets ? Que devons-nous changer pour ne plus ressentir de culpabilité ? Notre attitude ? Notre pensée ? En acceptant la venue de cette émotion, nous pouvons entrevoir la solution à notre mal-être.

Deux sortes de culpabilité

Il existe deux sortes de culpabilité : une culpabilité « naturelle » et une culpabilité « malsaine ». La première survient lorsque, par exemple, nous avons « volé » un stylo à un ami et nous nous sentons un peu mal à l'aise. C'est une réaction plutôt saine. Elle est là pour nous éviter de commettre des fautes et de nuire à autrui. La seconde est plus complexe car elle contient souvent d'autres émotions comme la colère, la peur et la tristesse. Elle a la particularité d'apparaître alors qu'il n'existe aucun motif réel. La culpabilité est provoquée par notre imaginaire. Comme Denis qui se sent coupable de réussir vis-à-vis de ses parents, nous pouvons ainsi nous sentir coupables d'être l'enfant préféré ou encore d'exercer une profession qui déplaît à nos parents. Ces culpabilités prennent leur source généralement dans l'enfance. Elles sont persistantes et reviennent de façon épisodique tant que nous ne les avons pas résolues. Denis a attendu dix ans avant d'analyser vraiment sa culpabilité. Pour y remédier, il faut étudier notre discours intérieur et vérifier sa véracité. Qu'est-ce qui a pu déclencher cette émotion et les propos que nous nous tenons ?

Coupables de quoi ?

Pour venir à bout d'une culpabilité malsaine, il faut pouvoir se défaire d'une croyance souvent à l'origine de cette émotion. Certaines femmes sont par exemple fautives lorsqu'elles reprennent une activité et laissent leur enfant à la crèche. Elles se croient obligées de s'occuper de leur progéniture au lieu de s'épanouir à travers une activité. Toutes sortes de pensées encombrantes peuvent ainsi provoquer de la culpabilité.

À RETENIR

L'utilité de la culpabilité

La culpabilité saine nous empêche de mal nous conduire. Elle est liée à notre conscience.

La culpabilité malsaine

Cette forme de culpabilité repose sur des motifs qui n'en sont pas. Nous les avons inventés.

Assumons-nous

Ne laissons pas la culpabilité malsaine nous mener. Sachons débusquer ce qui a pu la provoquer et reprenons le contrôle de notre vie.

Pour y voir clair

Avons-nous raison d'être coupables ? Sommes-nous responsables de la manière de vivre des autres ? De leur malheur ? Recentrons-nous sur nos véritables responsabilités : nous sommes responsables de nos actes, de nos paroles et de nos pensées.

Dépistons nos croyances

Elles sont souvent à l'origine de notre culpabilité. Les croyances n'ont pas de fondement réel et n'existent que dans notre esprit.

Acceptons le bonheur

Les culpabilités malsaines satisfont très souvent un besoin inconscient de se punir. Autorisons-nous à connaître le bonheur. Ne soyons plus coupables d'être heureux.

L'anxiété

« N'oubliez jamais ceci : il ne nous est jamais donné d'épreuves que vous ne puissiez surmonter. »

Rabbi Nahman de Bratslav

Témoignage

« J'étais chargée d'étude dans une société. Je faisais un travail qui m'intéressait et je gagnais correctement ma vie. Mais un jour, la situation s'est modifiée. Le responsable des études a pris sa retraite et une jeune femme, Marine, lui a succédé. Le changement a été radical. D'une relation ouverte et chaleureuse, avec une charge de travail acceptable, je suis passée à une surcharge de travail et à des relations exécrables. Marine distribuait les missions et les délais sans se soucier de ce que j'avais déjà à faire. Je me suis vite trouvée submergée et je ne parvenais pas à respecter les délais même en emmenant du travail chez moi. J'ai dit à Marine que je n'étais pas une machine et qu'il m'était impossible d'enquêter sur tous les secteurs qu'elle me confiait. Marine a eu l'air surpris et m'a dit que mon organisation devait certainement laisser à désirer. Elle me laissait une semaine supplémentaire pour boucler ce que j'avais à faire. Interloquée, je me suis vraiment demandé comment j'allais faire pour y arriver. J'ai voulu discuter avec un autre chargé de mission qui était confronté au même problème que moi. Mais, il n'a pas souhaité me parler, trop occupé à terminer un rapport. J'ai regardé les choses en face : tout ce que je devais faire me demanderait un mois de travail. Je ne pouvais absolument pas le terminer d'ici la semaine prochaine. C'était

impossible. Je suis retournée voir Marine. Je lui ai exposé comment je procédais et le temps que cela me demandait. Je lui ai suggéré de prendre des enquêteurs pour que les délais puissent être respectés. Là, elle a enfin compris que je n'y arriverai pas seule. Elle a donc réduit ma charge de travail et a fait appel à des indépendants pour la partie enquête. Cela m'a soulagée. Je suis repartie dans mon bureau, satisfaite. Mais trois semaines plus tard, Marine, m'a encore une fois confié une étude importante. Les délais qu'elle m'imposait étaient intenables. Elle ne voulait pas, cette fois-ci, faire appel à des intervenants extérieurs. Je devais me débrouiller toute seule. L'angoisse m'a assaillie. Je ne savais absolument pas comment j'allais y arriver. Mon inquiétude risquait de grandir si je n'agissais pas. Cela faisait trois ans que je travaillais dans ce cabinet et je me sentais performante. Je ne devais absolument pas craindre pour mon poste. Je devais montrer mon professionnalisme. J'ai fait un plan. J'ai établi un calendrier et je me suis rendu compte que, compte-tenu des délais impartis, je pouvais réaliser une sorte de panorama mais non une étude approfondie. J'ai listé les paramètres que j'allais pouvoir traiter et je suis allée voir de nouveau ma supérieure. Elle m'a donné le feu vert et m'a même félicitée ! »

Maud, 34 ans

Un peu de théorie

Définition

Nous sommes tous anxieux, à des degrés divers. C'est une émotion qui nous maintient, en quelque sorte, en vie. En effet, elle apparaît lorsque nous nous sentons menacés : ce à quoi nous tenons est en danger. Nous pouvons avoir peur de perdre un emploi, comme Maud, ou encore l'être aimé. Lorsque nous ne sommes pas certains de réussir quelque chose, dans n'importe quel domaine, l'anxiété se déclenche. Elle se manifeste par un état d'appréhension et de nervosité. Elle peut engendrer des palpitations, une accélération du pouls voire de la transpiration.

Un enjeu important à l'issue incertaine

L'anxiété nous signale que ce que nous voulons garder ou obtenir est important à nos yeux. Sinon nous resterions indifférents. Par exemple, Maud tient absolument à conserver son poste, c'est une des raisons pour laquelle elle ressent de l'anxiété. L'autre cause est qu'elle ne connaît absolument pas l'issue. Elle ne sait pas si ses efforts vont être récompensés et si elle va se diriger vers le succès. Pour conserver son emploi, son inquiétude la pousse à agir. La situation qu'elle vit lui demande davantage d'énergie que d'habitude.

Les situations anxiogènes

Les situations les plus courantes concernent les domaines dans lesquels nous souhaitons réussir. Ils concernent l'amour, le travail, les relations. Par exemple, lorsque nous rencontrons l'amour, nous faisons tout notre possible pour conquérir et séduire l'être aimé. Si nous sommes en couple, nous pouvons ressentir de l'anxiété si nous trouvons que notre moitié nous prête moins d'attention. Nous voulons être aimés.

Faisons face à l'anxiété

Considérons cet état émotif pour ce qu'il est. Il est normal et sain d'être anxieux pour la poursuite de nos objectifs par exemple. Mais il ne faut pas se laisser envahir par l'anxiété. Elle ne doit pas prendre trop de place, sinon elle nous empêchera d'être efficaces. En prenant simplement conscience de notre état, nous pouvons le reconnaître et l'utiliser. Il doit juste nous stimuler et non nous gâcher la vie. Pour ne pas se laisser submerger par l'inquiétude, rappelons-nous que nous avons en nous toutes les réponses pour résoudre un problème.

Évitons de réagir

Lorsque nous sommes en proie à l'anxiété, il est tentant de se laisser mener par cette émotion. Nous pouvons par exemple nous sentir bloqués. Nous ne trouvons pas d'issue et nous ne savons donc plus quoi faire. Nous sommes comme tétanisés. Il est évident que cela ne va pas arranger les choses. Certaines personnes préfèrent fuir plutôt que d'aller vers le changement. D'autres vont devenir agressives ou soumises. Toutes les réactions sont à proscrire. L'anxiété nous indique que nous avons peur mais nous avons toujours la possibilité d'y faire face.

Renforçons notre confiance

L'anxiété nous signale que nous nous sentons en danger. Agissons pour mener à bien ce qui nous inquiète mais, dans le même temps renouons avec notre confiance. Ainsi, Maud va prendre quelques instants pour considérer la situation. Elle va prendre conscience de ses qualités et renforcer son assurance. Cela lui permet d'agir de manière efficace. Prenons donc le temps de nous apaiser et de nous réconforter : demeurons confiants quant à l'issue. Nous avons la capacité de gérer toute situation. Sachons utiliser notre anxiété et la transformer en une force tranquille.

Lâchons prise

Si nous sommes confrontés à une situation un peu stressante c'est parce que nous ne savons pas comment elle va évoluer. Comme l'enjeu est important pour nous, nous avons tendance à essayer de contrôler l'issue. Mais c'est le contraire qu'il faut faire : il faut lâcher prise et regarder les choses avec confiance.

À RETENIR

Les causes de l'anxiété

L'anxiété repose sur la peur de l'inconnu. C'est parce que nous ne connaissons pas l'avenir, que nous sommes inquiets, angoissés, stressés. Il existe toute une palette terminologique liée à l'anxiété.

Les piliers de l'anxiété

Nos expériences inquiètes se rapportent à l'amour, au travail et aux relations. Nous avons peur de perdre quelque chose qui a de l'importance pour nous. Prenons conscience de notre état anxieux et cherchons calmement les solutions.

La clé : la confiance

Agissons avec confiance, c'est le moyen le plus sûr pour y arriver. L'anxiété ne peut pas la faire disparaître. La confiance est toujours là, à l'intérieur de nous.

L'anxiété ne nécessite pas de réagir

Toutes les réactions sont néfastes et nuisent à notre développement. Essayons de comprendre les causes de notre anxiété et agissons.

Surmontons notre anxiété

Plus nous avançons et plus nous expérimentons des situations stressantes. En les surmontant, nous évoluons de plus en plus.

Agissons en êtres responsables

Faisons face à l'anxiété en assumant ce que nous sommes. Ayons conscience de notre potentiel.

Êtes-vous sujet aux angoisses ?

1) Vous n'avez rien de prévu aujourd'hui et il fait beau :
B. Vous décidez de trier tous vos papiers en retard.
A. Vous planifiez votre semaine à venir.
C. Vous sortez prendre l'air.

2) Vous pensez rendre un dossier en retard au travail…
B. Vous travaillez jusqu'au matin pour le terminer.
C. Tant pis, vous avez fait votre maximum.
A. Vous savez déjà que votre patron va vous en vouloir.

3) Votre banquier vous laisse un message sans en dire l'objet :
C. Vous notez son numéro pour le rappeler plus tard.
A. Vous angoissez toute la soirée.
B. Vous vérifiez vos comptes.

4) Vous rentrez du travail, très fatigué de la semaine :
A. Vous ne pouvez dormir et pensez à vos dossiers.
C. Vous vous effondrez sur votre lit et dormez 12 heures.
B. Vous décidez de terminer vos dossiers chez vous.

5) Les vacances, pour vous, c'est plutôt :
C. Sea, sex and sun !
B. Cours d'aquagym, aquabike, plongée…
A. Dodo, dodo, dodo. Vous vous reposez !

6) Un voisin s'est fait cambrioler :
B. Vous faites poser un système d'alarme.
A. Vous ne dormez plus à force d'épier chaque bruit.
C. Vous fermez votre porte à clef, comme d'habitude.

7) Demain, vous devez faire une présentation importante :
A. Paniqué, vous vous demandez si le big boss sera là.
B. Vous relisez 25 fois vos notes.
C. Vous vous assurez une bonne nuit de sommeil.

8) Vous rencontrez la belle-famille pour la première fois ce soir :
B. Vous passez 2 heures à vous préparer pour être au top.
C. Vous achetez un bouquet de fleurs pour belle-maman.
A. Vous passez la journée à vous ronger les ongles.

9) Votre train va avoir du retard :
A. Vous vous demandez si on viendra vous chercher.
B. Vous appelez 15 fois pour donner des nouvelles.
C. Vous en profitez pour lire un bon bouquin.

10) Un client mécontent menace de faire couler votre boîte :
C. Vous ne le croyez pas et le mettez à la porte.
A. Vous vous demandez qui ça peut bien être.
B. Vous déposez une main courante contre lui.

11) Le matin, au lever, vous pensez :
C. À rien, sauf à prendre un café !
A. Que vous êtes déjà fatigué de votre journée.
B. À planifier votre journée dans les détails.

12) Quand vous partez en voyage, vous êtes du style :
A. À angoisser pour l'avion, les vaccins etc.
C. À réserver votre première nuit et basta.
B. À préparer votre voyage minutieusement.

La peur

« La peur n'a qu'une peur, c'est que tu l'abandonnes. »

Henri Gougaud

Témoignage

« J'ai mis presque vingt ans avant d'exercer le métier d'ébéniste. J'ai toujours été attirée par le travail du bois mais je ne pensais pas en faire ma profession. Je craignais de ne pas pouvoir gagner ma vie avec l'ébénisterie. Il est vrai que ce métier est essentiellement masculin et personne ne m'a vraiment encouragée à le faire. C'est parce que les événements m'y ont plus ou moins poussée que je me suis décidée à franchir le pas. J'ai travaillé avant comme commerciale. J'aime les contacts, c'est pour cette raison que j'avais choisi cette voie. Je gagnais très bien ma vie mais je n'aimais pas particulièrement ce métier. J'ai été licenciée une première fois et je suis restée un an au chômage avant de retrouver un autre poste. J'ai trouvé le temps long. Je me suis vraiment interrogée à partir de ce moment-là. J'avais envie de changer d'orientation mais je n'avais pas de formation. J'étais en proie à de nombreux doutes : est-ce que je pourrais vivre de ma passion ? L'idée de travailler le bois me titillait. J'avais très envie de le faire. Mais j'avais trop peur à l'époque, je n'étais pas encore prête. Je n'avais même pas d'idée précise sur le métier que je pouvais faire. Je me suis informée mais finalement, j'ai retrouvé un emploi dans la vente. Seulement, au bout d'un an, la société a été mise en liquidation. Ça a été le déclic, je me suis dit : "C'est le moment où jamais. Fais ce que tu as envie." Et je l'ai fait. J'ai suivi des cours d'ébénisterie et j'ai obtenu le CAP.

Ensuite, j'ai trouvé un poste dans un atelier. J'ai beaucoup appris. Aujourd'hui, j'ai mon propre atelier. C'est difficile car mes revenus ont été divisés par trois. Malgré tout, je suis contente de le faire. Je suis beaucoup plus heureuse aujourd'hui. Pour rien au monde je ne voudrais redevenir commerciale. ».

Lise, 38 ans

Un peu de théorie

La peur justifiée

La peur est une émotion qui nous signale la présence d'un danger. Par exemple, nous ressentons de la peur lorsque nous sommes au bord d'un précipice. Nous devons nous montrer vigilants pour ne pas tomber. La peur nous avertit et nous demande de faire attention. Sa présence, quand elle concerne notre physique, est donc salutaire.

Des peurs variées

La peur peut être de courte durée et nous envoyer un signal fort, avec la sensation du cœur qui lâche par exemple. Mais elle peut aussi prendre différentes formes et aller d'une simple inquiétude à une véritable terreur, en passant par une panique. La psychologie distingue plusieurs sortes de peur dont l'angoisse et les phobies. Ainsi, l'angoisse est une peur dont les causes sont inconscientes. Elle peut provoquer des cauchemars. Les phobies sont des peurs donc la cause est très bien identifiée. Il existe toute une panoplie de phobies comme la claustrophobie (la peur d'être enfermé), l'arachnophobie (la peur des araignées) ou l'acrophobie (la peur de ce qui est haut).

Les manifestations physiques

Lorsque nous avons peur, notre corps est complètement sous son emprise. Les effets varient en fonction de l'intensité de notre peur. Les battements de notre cœur s'accélèrent, nous transpirons, nos mains sont moites. À un degré supérieur, nos mains tremblent, nos jambes flageolent, notre respiration est plus forte, notre voix s'étrangle ou tremble, nous avons une boule dans l'estomac et certains d'entre nous sont même pris de vomissements. La peur modifie aussi notre esprit : nous avons l'impression de vivre dans l'irréalité et d'être anesthésiés psychiquement.

Ce qui arrive aux autres pourrait nous toucher

La peur est utile lorsqu'elle nous prévient d'un danger bien réel. Mais elle peut être provoquée par des craintes provenant de notre environnement. Notre imaginaire nous fait alors entrevoir le pire. Nous avons peur par exemple de perdre notre emploi et de devenir SDF. Nous craignons d'être cambriolés, ce qui fait le bonheur des compagnies d'assurance. Les journaux télévisés alimentent ainsi toutes nos peurs issues de ce qui arrive aux autres. Ils ne nous montrent que le côté noir des événements et contribuent à nous faire croire que nous vivons en perpétuelle insécurité. L'émotion a remplacé l'information. Soyons réalistes, ce n'est pas parce que les employés d'une multinationale ont été licenciés que nous allons tous nous retrouver au chômage. Prenons du recul avec les situations catastrophiques qui nous entourent.

La peur de l'inconnu

La peur dont il est le plus difficile de se défaire est celle qui concerne l'inconnu. Nous élaborons alors des scénarios intérieurs totalement faux car issus de notre imagination. Ils nous gâchent la vie car ils donnent naissance à la peur. Ainsi, Lise a d'abord exercé un travail qu'elle n'aimait pas par crainte de ne pas gagner suffisamment avec l'ébénisterie. Nous sommes très nombreux à agir ainsi, persuadés que faire ce que nous aimons n'est pas compatible avec la question de l'argent. Pourquoi serions-nous payés à faire ce qui nous amuse ? Absurde ? Impossible ? Posons-nous la question. Si nous n'essayons pas, nous n'aurons pas la réponse. L'objectif est de prendre des risques mesurés. Cela nécessite du courage.

Quel est le danger ?

Lorsque nous ressentons de la peur, interrogeons-nous sur sa provenance. Qu'est-ce qui l'a provoquée ? Si nous souhaitons, comme Lise, changer de métier pour exercer une profession qui nous correspond davantage, nous avons peur d'échouer. Mais nous risquons aussi de réussir ! Prenons conscience de cet aspect qui peut modifier le cours de notre vie. L'important est d'agir en fonction de soi et non à cause d'une peur. Soyons maîtres de nos vies et comprenons nos peurs pour les surmonter.

Examinons nos peurs

Pour comprendre nos peurs et les anéantir, il faut nous livrer à un travail d'introspection. Par exemple, nous avons peur de perdre notre travail. Prenons du recul et interrogeons-nous : notre peur est-elle justifiée ? Pour quelles raisons avons-nous peur ? Qu'implique notre peur ? Que ferions-nous sans notre peur ?

Nous libérer de nos peurs

Nous pouvons combattre nos peurs en les étudiant. Souvent, elles sont le fruit de notre imagination et nous empêchent de prendre les risques nécessaires à notre évolution. Nous devons vérifier si nous sommes réellement en position d'insécurité. La plupart du temps, cette insécurité est fictive : elle concerne le futur. Nous ne changeons pas d'emploi parce que nous avons peur de nous retrouver sans le sou. Au lieu de ne rien faire, examinons plutôt comment faire pour ne pas se retrouver dans cette situation. Ayons une attitude confiante et apprenons à résoudre les problèmes que nous nous posons. Rien n'est impossible lorsque le bonheur est en jeu.

À RETENIR

Les différents degrés de la peur

La peur va de la simple crainte à la terreur. Elle s'accompagne d'effets physiques tout aussi nuancés : nous pouvons avoir les mains moites mais si la peur nous tenaille, nous pouvons aussi avoir envie de vomir.

Le danger est-il réel ?

La seule peur que nous pouvons admettre est celle qui est destinée à nous protéger. Toutes les autres peurs nous empêchent d'avancer.

Identifions nos faux dialogues

Nous nourrissons la peur de dialogues intérieurs qui sont le fruit de notre imagination. Nous envisageons des scénarios catastrophes. Pourquoi ne pas opter pour une « happy end » ?

Faisons face à la peur

Ne nous laissons pas dominer par la peur. Prenons le recul nécessaire pour l'examiner et restons maîtres de notre vie.

Ayons confiance

La peur survient lorsque notre confiance nous fait défaut. Renouons avec notre confiance pour vivre pleinement.

Agissons pour nous défaire de nos peurs

Lorsque nous avons pris conscience des raisons de nos peurs, nous pouvons nous en défaire en appliquant nos solutions. L'action permet de nous en libérer.

La souffrance

« Nous sommes bien armés pour l'ignorance. »

Jean Rostand

Témoignage

« Nathalie ne veut plus vivre avec moi. Elle va prendre un autre appartement. Je ne m'y attendais absolument pas. Je n'ai rien vu venir. Je ne comprends pas pourquoi Nathalie ne se sent plus bien avec moi. Je n'ai rien changé dans mes habitudes. Je travaille dur pour lui offrir une vie agréable. C'est vrai que je n'ai pas souvent envie de sortir, mais est-ce une raison pour partir ? Je reconnais que je ne participe pas beaucoup aux tâches ménagères. Je passe de temps en temps l'aspirateur. Il m'arrive de faire quelques courses quand Nathalie n'a pas le temps. Là, peut-être que je n'en fais pas assez, c'est vrai. Mais, c'est tout de même un détail. Ça ne justifie pas la rupture. J'ai déjà divorcé une fois, maintenant je suis de nouveau confronté à une séparation. Je vis cela très mal. Je me demande si je parviendrais un jour à avoir une liaison durable. Pourquoi les femmes me quittent-elles ? Nathalie m'a expliqué qu'elle ne me voyait pas assez et que, progressivement, elle s'est fait une raison. Elle s'est habituée à cette situation. Elle a occupé ses soirées sans compter sur moi. C'est vrai que c'est elle qui gère la maison et qui s'occupe de presque tout. C'est comme ça qu'elle s'est rendu compte que mon absence ne la gênait pas. Petit à petit, elle a eu envie de vivre seule à nouveau. Puis elle a fait une rencontre, qui a précipité les choses. Aujourd'hui, elle aime Pascal et veut pouvoir le recevoir chez elle. Elle ne veut pas vivre avec lui mais elle souhaite simplement retrouver sa liberté. Mais qu'est-ce qu'il a de plus que moi ? Il n'a même pas un salaire fixe ! Il ne pourra pas offrir à Nathalie la

garde-robe qu'elle a avec moi ! Qu'est-ce qui n'a pas marché ? Lors de nos dernières vacances dans les îles grecques, c'était bien. J'avais l'impression que Nathalie m'aimait, alors qu'elle était déjà avec ce Pascal ! Comment ai-je fait pour ne pas m'en apercevoir ? Je crois que je n'ai pas prêté suffisamment attention à elle. J'étais tellement sûr de moi. Je me souviens qu'elle avait l'air triste parfois. Elle devait penser à Pascal. Au début de notre liaison, elle me reprochait de rentrer tard. Mais je ne pouvais pas faire autrement… J'ai continué d'y penser. Ma douleur était si intense. C'est tout ce qui me reste de Nathalie maintenant : la douleur et les souvenirs. »

Patrick, 44 ans

Un peu de théorie

Nous ne sommes pas notre souffrance

Nous disons « je suis souffrant » ou « je suis mal », ce qui nous identifie à cette douleur. Pourtant elle est extérieure à nous, même si ce sentiment de mal-être semble venir de notre intérieur. Si elle faisait vraiment partie de nous-mêmes, elle serait constante et durable. Or, la souffrance, fort heureusement, est passagère.

Identifions nos anciennes blessures

Nous répétons des schémas de souffrance. Ainsi, Patrick vit encore une séparation. Peut-être est-il enfermé dans un comportement qui l'empêche d'avoir une vraie relation. Il ne prête pas assez attention à ses compagnes. Quand il a une liaison, il pense que c'est pour la vie et il ne fait plus les efforts nécessaires à l'évolution du couple. S'il reste sur cette certitude, il va de nouveau vivre une rupture. Autre exemple, Marlène ne parvient pas à rester avec un homme parce que son père a quitté le foyer familial lorsqu'elle avait 9 ans. Elle a peur d'être quittée à nouveau et n'ose pas s'engager. Ses ruptures successives la font souffrir mais, tant qu'elle n'aura pas identifié leur cause, elle continuera à avoir des liaisons sans lendemain qui la feront souffrir.

Connaître la cause

La souffrance, comme toutes les émotions, nous informe sur nous-mêmes et nous permet d'évoluer. En cherchant à comprendre ce qui nous fait souffrir, nous pouvons nous en libérer. Mathieu était persuadé qu'il ne méritait pas d'être aimé. De ce fait, il était toujours seul et en souffrait. Lorsqu'il a réalisé que cette pensée était à l'origine de sa souffrance, il a immédiatement modifié son état d'esprit. Il a saisi qu'il pouvait très bien y arriver. Depuis, il ne souffre plus et est très entouré.

La déception

Un ami ne répond plus lorsque nous essayons de le joindre sur son téléphone portable. Cela fait plusieurs fois que nous insistons et nous souffrons de ne pouvoir avoir une conversation avec lui. Pourquoi ne veut-il plus nous parler alors que nous avons besoin de lui en ce moment ? Son attitude nous déçoit. Quand il a besoin de nous, nous sommes toujours présents mais lorsque nous désirons qu'il nous rende la pareille, ça n'est pas possible. Plus nous ruminons, plus nous souffrons et alimentons un monologue intérieur qui ne fait que renforcer notre douleur. Mais pourquoi pester ainsi contre notre ami puisque nous ignorons tout de sa situation présente ? Tout le discours que nous fabriquons repose sur des suppositions. Alors, adoptons plutôt un accord toltèque [1] : *« Quoiqu'il arrive, n'en faites pas une affaire personnelle »*.

Les épreuves difficiles

Nous avons tous à traverser des situations plus ou moins douloureuses dans la vie. Certaines sont néanmoins très difficiles à surmonter. C'est le cas lors de la perte d'un être cher. Il est alors presque impossible de nous défaire de notre douleur. Nous pouvons toutefois accélérer le processus du deuil, en acceptant notre douleur, en l'étudiant et en la comprenant. Lorsque nous reconnaissons notre douleur, nous pouvons mettre en lumière tout ce que notre ego a construit. Par exemple, Victoire essayait de trouver une explication à la disparition soudaine de son mari, décédé dans un accident de la route. Victoire avait besoin de donner un sens à la mort de l'être qu'elle aimait. Pourquoi était-il mort ? Il y avait certainement une raison. Elle avait besoin d'en trouver une pour accepter cette douloureuse séparation. Elle se torturait ainsi jusqu'au jour où elle a enfin réalisé qu'il n'était pas nécessaire de donner une explication au décès. La mort est naturelle. Son mari était mort, sans raison. C'était son heure. Elle devait simplement accepter sa perte. Cette prise de conscience lui a permis de faire le deuil.

Qu'est-ce qui souffre en nous ?

En posant cette question, nous écoutons ce que la souffrance a à nous dire. Nous acceptons sa présence. Nous ne dialoguons pas avec elle par la pensée, mais par le ressenti. Cette attitude va nous permettre de nous en libérer. Nous pouvons alors prendre conscience que l'ego est à l'origine de notre douleur. Par exemple, Aymeric, qui vient de perdre son emploi, va s'apercevoir qu'il est malheureux parce que son ego lui dit qu'il est un incapable.

Notre ignorance crée la souffrance

Notre imagination et nos suppositions sont bien souvent à l'origine de notre souffrance. Nous la construisons de toutes pièces. Elle n'existe pas réellement. Lorsque nous pensons « je n'en peux plus » ou « je n'y arriverai jamais », c'est faux. Nous inventons la souffrance et nous l'entretenons avec nos discours intérieurs. Lorsque nous nous rendons compte de notre erreur, lorsque nous réalisons que nous fabriquons cette souffrance, elle cesse. Il suffit de savoir d'où elle vient.

(1) Don Miguel Ruiz, *Les quatre accords toltèques,* Jouvence, 2005.

À RETENIR

Atténuons notre souffrance

En nous demandant pourquoi nous souffrons, notre souffrance est déjà moins aiguë : nous commençons à amorcer le processus de guérison.

Notre souffrance est-elle nécessaire ?

Nous sommes tellement attachés à souffrir que nous ne remettons jamais en question cette émotion. Pourtant, elle nous gâche sérieusement l'existence. En nous demandant si la souffrance que nous éprouvons est vraiment utile, nous agissons déjà vers une prochaine libération.

Faisons face à notre souffrance

Lorsque nous ressentons cet intolérable malaise, au lieu de nous dire « que je suis malheureux ! qu'est-ce que je souffre ! » et de continuer à nous apitoyer ainsi sur notre propre sort, adoptons une attitude frontale et considérons notre souffrance.

Domptons notre souffrance

Lorsque nous prenons conscience que la souffrance n'est pas nous, il est aisé de s'en séparer. Nous pouvons refuser de la laisser nous envahir.

Couper les liens

« La liberté n'est pas un droit mais une obligation. »

Proverbe russe

Témoignage

« J'avais tendance à prendre rapidement des kilos. Lorsque je me sentais nerveuse, c'était plus fort que moi, il fallait que je grignote des friandises, ce qui n'est pas vraiment conseillé pour garder la ligne. Je ne pouvais pas m'en empêcher. Dès que je me sentais sous pression, par exemple lorsque j'avais un travail urgent à rendre, je me mettais à manger des cochonneries. Je savais pertinemment que j'allais prendre deux ou trois kilos. J'étais consciente que j'allais amèrement le regretter mais je ne voyais pas comment faire pour arrêter. Je fonctionnais ainsi depuis l'adolescence et j'alternais régime et crise de boulimie. Mais un jour, Sophie, ma collègue, est entrée dans mon bureau et m'a surprise en train de plonger la main dans un sac de biscuits : "Tu as besoin de te remplir pour y arriver ?" J'ai été étonnée. Cette phrase avait touché quelque chose de juste. Je n'ai rien répondu. D'ailleurs, Sophie était déjà repartie. Elle aussi était débordée. J'ai noté la phrase, histoire d'y réfléchir le soir, au calme. J'ai repris mon activité mais mon empressement à grignoter avait diminué. À chaque bouchée, je me disais : "Je me remplis. Mais pourquoi est-ce que je fais ça ?". De retour à mon domicile, j'ai décidé d'écrire ce que je ressentais. J'avais besoin de clarifier mes idées. J'ai donc passé presque toute ma soirée à rédiger un long texte. Je m'interrogeais. J'ai fait le point sur ce que je ressentais lorsque j'avalais tous ces bonbons et gâteaux. Je me sentais rassurée, aimée et apaisée. J'étais moins tendue. J'ai constaté

que grignoter me donnait confiance. J'étais persuadée que si je ne le faisais pas, je n'y arriverais pas. J'ai compris que je n'étais pas suffisamment « nourrie » pour y arriver. Mon envie irrésistible de sucreries était liée à la peur de ne pas être à la hauteur. Je ne me sentais pas assez aimée. Je réclamais de l'amour et des encouragements. Plus précisément, j'ai réalisé que c'était la petite fille en moi qui avait besoin d'aide. Je voulais que mes parents s'occupent de moi. J'étais encore dépendante affectivement de mes parents. Il était grand temps de rompre ces liens que je trouvais ridicules et absurdes. En y réfléchissant, j'ai réalisé que je me comportais encore comme une enfant avec mes parents et non en femme. Ça a été une révélation. Si je grignotais, c'est parce que j'avais besoin de ma dose d'amour pour avoir confiance ! J'ai passé le reste de la soirée sur Internet, les boulimiques sont nombreuses ! J'ai aussi repéré des ouvrages pour accroître ma confiance, bien décidée à mener une vie plus autonome, sans sucreries ! »

Caroline, 31 ans

Un peu de théorie

Nos liens sont fictifs

Les liens sont le fruit de nos pensées. Nous les avons inventés. Ils n'existent pas réellement. Ce sont des chimères que nous avons édifiées. Ainsi, Caroline recherche, à travers les friandises qu'elle engloutit, l'amour de ses parents. Elle pense qu'elle a besoin d'aide pour y arriver, ce qui est faux. Elle peut très bien y arriver seule. Il faut juste qu'elle le réalise et ne soit plus en demande affective.

Libérons-nous de nos pensées parasites

Nous n'y prenons pas garde, mais notre mental émet en permanence des pensées. Lorsque nous essayons de les faire taire, elles reviennent. Pour être en paix, il faut pouvoir exercer une vigilance de tous les instants, ce qui paraît impossible. Certaines pensées, si nous n'y faisons pas attention, s'insèrent dans notre cerveau et génèrent un certain malaise. Nous ne les avons pas dépistées à temps et leur travail de sape a déjà commencé. Il est alors très difficile de s'en débarrasser. Il existe un moyen pour se défaire d'une pensée, c'est de prendre conscience de l'inutilité de sa présence : elle n'a pas lieu d'exister, elle n'est pas réelle et elle est fausse.

Ne donnons pas raison à nos pensées

Pour pouvoir rompre avec nos liens, nous devons identifier les pensées qui les créent. Par exemple, Maryse passe son samedi à faire le ménage car elle veut que sa maison soit propre. Jusque-là, rien d'anormal. Mais Maryse le fait à contrecœur. En plus, elle n'est pas seule. Son mari et ses enfants, adolescents, vivent sous le même toit. Pourquoi ne participent-ils pas aux tâches ménagères ? Parce que Maryse perpétue un schéma familial. Sa mère était seule à faire le ménage. Maryse pense plus ou moins consciemment : « Je dois faire le ménage. C'est le rôle des femmes. » En donnant raison à cette pensée, Maryse oublie d'exister en tant que personne unique. Il faut qu'elle réalise que cette pensée est erronée et qu'elle lui gâche la vie. Elle donne de l'importance à une pensée qui ne le mérite pas.

Faisons le deuil de ce que nous tenons

Nos liens nous empoisonnent. En prenant conscience de leur nature, nous pouvons nous en détacher. Par exemple, nous nettoyons notre voiture chaque mois. Est-ce vraiment nécessaire ? Pourquoi le faisons-nous ? En plus, cela nous fait perdre une bonne partie du week-end que nous pourrions occuper de manière plus intéressante. Est-il obligatoire d'avoir une voiture rutilante ? Non. Libérons-nous de ce lien.

Une pensée à la fois

Le mental ne peut gérer qu'une seule pensée à la fois. Ceci est précieux à savoir. Lorsque nous voulons nous défaire d'une pensée, nous avons donc la possibilité de la remplacer aisément par une autre. Par exemple, si nous pensons « je n'ai aucun talent », il faut transformer cette affirmation négative par une opinion positive : « j'ai de nombreuses qualités et certaines méritent d'être développées pour devenir des talents. »

Libérons-nous d'autrui

Nous avons tous des liens affectifs plus ou moins encombrants. Nous pouvons avoir des exigences envers des personnes proches. De même que notre conjoint, nos parents, nos enfants et nos amis peuvent entretenir avec nous des attentes plus ou moins pesantes. Ces liens sont parfois difficiles à rompre car nous ne voulons blesser personne. Or, il s'agit simplement d'obtenir une relation plus saine, en accord avec nous-mêmes. Nous désirons par exemple plaire aux autres de peur de ne plus être aimés. Vouloir plaire est naturel, mais lorsque la peur s'introduit dans la relation, celle-ci n'a plus de sens. Elle n'est pas vraie. Cette crainte empêche d'être nous-mêmes. Nous entretenons toutes sortes d'émotions avec les autres : nous pouvons culpabiliser, avoir de la rancœur, etc. Tous ces sentiments ont été provoqués par des événements mal digérés. Des pensées nuisibles, dont nous devons nous libérer, se sont insérées.

À RETENIR

Nous avons créé nos liens

Nos liens sont le fruit de notre imagination. Nous pouvons donc nous en défaire aisément puisqu'ils n'existent pas. Ils ne sont pas réels.

Le contrôle d'autrui

Nous voulons parfois contrôler les autres. C'est une forme de lien dont il faut nous libérer. Qu'exigeons-nous des autres ? Pouvons-nous leur accorder notre confiance ?

Apprendre à nous observer

Nos liens sont engendrés par des pensées. Pour les déceler, il faut prendre du recul par rapport à ces pensées. C'est en observant nos pensées que nous pouvons les étudier et les remettre en question.

Nos liens nous empêchent de nous connaître

Lorsque notre mental nous tourmente, c'est que nous laissons les pensées nocives nous gouverner. Elles nous empêchent d'être nous-mêmes. Pour nous connaître, nous devons nous libérer de nos liens qui masquent notre vérité profonde.

Sommes-nous libres ?

Plus nous coupons nos liens, plus nous nous approchons de notre vérité. Il faut parvenir à nous libérer de tout ce qui nous empêche d'être nous-mêmes. Nous avançons alors sans filet, en pleine conscience. Nous sommes seuls maîtres à bord. C'est cela la vraie liberté : être délesté de tout ce qui nous empêche d'agir et d'être.

Quelles sont vos relations avec vos parents ?

1) Vous voyez vos parents :
A. Quand vous en avez envie, ça dépend.
B. Une fois tous les mois.
C. Pour les grandes occasions seulement.

2) Avec vos frères et sœurs, quelles sont vos relations ?
B. On se voit assez souvent, sans les parents.
A. On est proches, après une adolescence difficile.
C. On ne se voit que très rarement.

3) Adulte, avez-vous déjà pensé de vos parents :
C. Si ça continue comme ça, ils ne me verront plus.
B. J'en ai marre qu'ils soient derrière moi.
A. J'ai de la chance finalement de les avoir…

4) Vous discutez politique avec vos parents :
C. Vous avez déjà essayé mais ne le referez plus.
B. Vous êtes du même bord mais ne l'avouez pas.
A. Vous comprenez leur opinion et ne les jugez pas.

5) Travailler avec ses parents…
A. Pourquoi pas, même si ça doit être très difficile.
C. Vous ne le feriez pour rien au monde.
B. Vous avez déjà essayé mais ça s'est mal passé.

6) Donneriez-vous les clefs de chez vous à vos parents ?
A. Oui, pas de problème.
B. Non, je tiens à ma liberté !
C. Non, ils savent que je ne le ferais jamais !

7) Ce qui vous ennuie le plus chez eux :
B. Leurs questions incessantes sur vos amours.
A. Savoir qu'ils vont mourir un jour.
C. Le fait qu'ils ne vous comprennent pas vraiment.

8) En cas de dispute, vous seriez capable de :
C. Ne plus jamais les voir et déménager très loin.
B. Les voir beaucoup plus rarement.
A. Ne pas les voir pendant 2 ou 3 mois.

9) Avec vos parents, qui écoute qui ?
B. Vous avez l'impression de ne faire que les écouter.
A. C'est un vrai dialogue.
C. Vous en bavez et eux aussi !

10) Pour quelle raison pourriez-vous leur mentir ?
A. Vous ne voyez pas pourquoi vous leur mentiriez.
B. Pour éviter qu'ils ne s'inquiètent trop.
C. Pour les faire réagir, les provoquer un peu.

11) Que représente Noël pour vous ?
B. Une corvée, mais bon, vous n'avez pas le choix !
C. Un moment que vous évitez si possible.
A. Une grande fête de famille.

12) Quand vous avez un problème de santé ou autre :
C. Vous ne les appelez pas, ça ne sert à rien.
A. Vous allez chez eux vous faire câliner.
B. Vous les appelez un peu à contrecœur.

Les obstacles

« Les pierres font partie du chemin. »

Proverbe roumain

Témoignage

« Lorsque je me suis séparé de Lucie, j'ai vraiment eu du mal à refaire surface. J'étais brisé. Je souffrais terriblement. C'est elle qui a voulu mettre un terme à notre relation. Elle ne m'aimait plus. J'ai eu beaucoup de difficultés à l'accepter. Mon ego en avait pris un coup, mais mon cœur aussi. Je pensais tout le temps à elle. Je me suis traité de tous les noms : d'incapable, de nul, d'indésirable. Je pensais que je ne pourrais plus jamais avoir une relation amoureuse. Je ne trouverais plus quelqu'un d'aussi bien que Lucie. J'ai passé environ deux mois à me rendre malheureux, à me complaire dans ma souffrance. Je n'avais plus goût à rien. Je suis même allé voir un médecin qui m'a prescrit des tranquillisants. Je me suis senti un peu mieux mais rien n'était réglé : j'aimais toujours Lucie et je ne parvenais pas à admettre notre séparation. J'espérais qu'elle reviendrait sur sa décision, qu'elle me téléphonerait un jour pour me le dire et que nous ferions à nouveau une tentative. Mais, les jours passaient et Lucie n'appelait pas. Deux de mes amis veillaient sur moi et m'obligeaient à sortir. Ils m'invitaient chez eux ou au restaurant. Ils organisaient des week-ends en Normandie et essayaient de me changer les idées. Je faisais des efforts, mais la douleur était toujours présente. Je me disais qu'elle disparaîtrait peut-être avec le temps. Seulement, il fallait que j'arrête de l'entretenir. Je pense que je faisais une sorte de dépression. J'étais profondément triste et je dormais

très mal. Progressivement, j'ai réalisé que j'étais surtout blessé dans mon amour-propre, ce qui n'était, en fait, pas très grave. Cela m'a même soulagé de prendre conscience que mon ego était meurtri. Cela n'avait pas beaucoup d'importance. Je me suis senti un peu ridicule de me faire du mal pour une question d'orgueil. Je commençais, en fait, à aller mieux. Je reprenais confiance. Je me disais qu'une nouvelle relation était toujours possible. Après tout, j'étais jeune. J'ai compris que je devais accepter la séparation. C'était idiot de croire que Lucie reviendrait vers moi. Elle ne le ferait pas. Je me suis dit, plusieurs fois par jour, lorsque je sentais que je repensais à Lucie : "C'est fini, accepte". Cela a fait son effet, car au bout d'une semaine, je me suis senti enfin apaisé. J'étais parvenu à mettre un terme à notre histoire. Cette épreuve m'a beaucoup appris sur le rôle destructeur de l'ego. J'entretenais une blessure narcissique au lieu d'accepter la fin de notre relation. Cela m'a éclairé sur mon propre fonctionnement. »

Louis, 30 ans

Un peu de théorie

Identifions nos résistances

Lorsque nous résistons, nous ne pouvons pas venir à bout d'une situation. Ainsi, Louis ne veut pas que Lucie le quitte. Il pense qu'elle reviendra vers lui. Il ne parvient pas à admettre que leur histoire est terminée. Il réagit contre cette dure réalité et y consacre toute son énergie. C'est lorsqu'il prend conscience que sa souffrance est un problème d'ego, que les choses se dénouent.

Identifions les forces contraires

Lorsque les événements semblent stagner et que nous nous sentons dans une impasse, il est temps d'examiner notre comportement. Il est vraisemblablement inadapté à la situation. Nous devons nous interroger sur notre façon d'agir et sur nos intentions. Sont-elles concordantes ? Par exemple, Christine souhaite déménager car son appartement est trop sombre. Son budget étant limité, elle ne peut pas s'offrir une superficie beaucoup plus grande. Néanmoins, elle s'obstine à rechercher des logements offrant 10 m^2 de plus. C'est quand elle décidera d'agir dans le bon sens, à savoir de regarder uniquement les appartements lumineux, qu'elle trouvera celui qui lui convient.

Dépistons le travail dévastateur de l'ego

Lorsque le mental prend le dessus, il nous éloigne de notre véritable intériorité. Si nous nous montrons suffisamment vigilants, nous pouvons arrêter son bavardage. Nous devons simplement prendre conscience que ce n'est pas nous qui parlons mais notre ego. En prenant du recul, nous pouvons nous en apercevoir. L'ego, si nous le laissons faire, nous entraîne sur le terrain de la peur, du doute ou de la colère. L'ego est très fort pour nous emmener vers des états négatifs. C'est pourquoi nous avons tout intérêt à refuser de lui céder. Et nous pouvons le faire.

Pourquoi refusons-nous toujours la situation ?

Nous avons tendance à ne pas accepter les choses. Louis préfère souffrir plutôt que d'accepter le départ de Lucie. C'est pourtant la seule solution qui s'offre à lui pour aller mieux. Même dans des situations banales, nous avons tendance à refuser : un avis contraire au nôtre dans une discussion peut nous agacer alors qu'il serait préférable d'accepter la différence de points de vue ; une soirée au restaurant déprogrammée peut nous plonger dans la tristesse alors qu'il serait plus sage de considérer cette nouvelle situation comme une opportunité pour faire autre chose. Acceptons. Lâchons prise.

Nous sommes insatisfaits

Nous ne parvenons pas à nous satisfaire de ce que nous avons, ni de ce que nous sommes. Nous changeons d'ordinateur alors que notre poste précédent fonctionnait parfaitement. Est-ce nécessaire ? Qu'est-ce qui nous motive à acheter ? Nous nous comparons aux autres. Ne pouvons-nous pas nous estimer tels que nous sommes ?

Cessons de nous identifier aux sentiments négatifs

Les désordres intérieurs ont souvent lieu parce que nous nous identifions à une émotion ou à une croyance. Lorsque nous cessons de le faire, ils disparaissent. Par exemple, un ami a oublié de nous fêter notre anniversaire. C'est le drame. Nous estimons qu'il ne fait plus attention à nous. Pourtant nous savons qu'il n'est pas attaché à ces dates. Mais nous préférons « ruminer ». Plus nous y pensons et plus nous nous faisons du mal. Il faut que nous comprenions que nous nous rendons malades en donnant raison à notre discours intérieur. Nous devons prendre de la distance et observer cette pensée nocive qui nous ronge. Est-elle exacte ? Non. D'où vient-elle ? Qui parle ? C'est notre ego. Alors, arrêtons de lui donner raison.

Nous sommes imparfaits

En reconnaissant notre imperfection, nous pouvons plus facilement pardonner nos erreurs. Acceptons de ne pas savoir tout faire. C'est en nous trompant que nous apprenons. Nous pouvons surmonter tous les obstacles, à notre rythme, en fonction de notre connaissance. Nous apprenons. Chaque difficulté est une occasion pour nous améliorer. Chaque épreuve est source d'enseignement.

À RETENIR

Considérons notre propre richesse

Nous pouvons changer notre façon de voir afin de nous libérer de nos vieux réflexes bien encombrants. Regardons tout ce que nous possédons au lieu de penser à ce qui nous manque.

Acceptons les autres

Arrêtons de vouloir changer le comportement de notre conjoint ou de toute autre personne. Nous ne pouvons changer que nous-mêmes !

Acceptons notre propre imperfection

Nous ne sommes pas parfaits. Reconnaissons-le au lieu d'essayer de modifier notre propre nature. Arrêtons de vouloir ressembler à telle personne que nous admirons. Soyons bien avec nous-mêmes et faisons les choses du mieux que nous pouvons, en reconnaissant nos limites.

Alimentons notre confiance

Nous devons veiller à demeurer confiants pour que les choses arrivent lorsqu'elles le doivent. Il ne sert à rien de résister.

Soyons vigilants

Lorsqu'une émotion nous harcèle, c'est que notre ego a pris le dessus. Sachons le débusquer à temps.

Vous et votre ego

1) Honnêtement, pourquoi donnez-vous aux œuvres de charité ?
A. Car la pauvreté pourrait aussi vous toucher.
B. Pour vous donner bonne conscience.
C. Par compassion envers ceux qui souffrent.

2) On vous fait une remarque justifiée mais mal exprimée :
A. Vous ne dites rien et reconnaissez vos torts.
C. Vous répondez sur la forme et non le fond.
B. Vous ne faites aucune différence et explosez.

3) Dans quelle situation avez-vous déjà ressenti de la honte ?
C. Vous n'avez pas défendu des personnes par peur.
A. Vous vous êtes laissé humilier sans rien dire.
B. Vous avez critiqué des gens gratuitement.

4) Un collègue vous fait une crasse…
C. Je vais m'expliquer avec lui.
B. Il va me le payer !
A. Personne ne me respecte ici !

5) On ne vous rappelle pas après un premier rendez-vous. Vous pensez :
B. Il/elle a dû perdre mon numéro, c'est sûr.
A. Je n'aurais pas dû lui dire ça, c'est ma faute.
C. Ce n'était pas le bon/la bonne, c'est tout.

6) Êtes-vous susceptible ?
B. Oui : je n'oublie pas ceux qui m'ont fait du mal !
C. Oui, mais j'essaie de relativiser.
A. Pas vraiment, je suis plutôt bonne pâte.

7) Les gens qui vous énervent le plus :
C. Ceux qui se vantent alors qu'ils n'ont rien fait.
A. Ceux qui écrasent les autres sans états d'âme.
B. Ceux qui se plaignent sans agir pour s'en sortir.

8) On vous demande une qualité lors d'un entretien d'embûche :
A. Sans conviction : le perfectionnisme ?
B. Vous attendiez cette question avec impatience.
C. Vous aviez heureusement préparé votre réponse.

9) « Vous montrer tel que vous êtes », cette phrase est :
B. Fausse : mieux vaut se montrer à son avantage.
A. Vraie : ça évite les mauvaises surprises.
C. Fausse : personne ne s'intéresserait à vous…

10) On vous confie une tâche difficile…
C. Il va falloir mettre les bouchées doubles !
A. Mon dieu, je ne vais jamais y arriver !
B. Je vais enfin pouvoir montrer mes compétences !

11) On dit souvent de vous que :
A. Vous êtes trop effacé.
C. Vous êtes confiant, mais trop sensible.
B. Vous en faites trop parfois, c'est énervant.

12) Quand vous regardez votre parcours amoureux, vous pensez :
C. Je m'améliore avec le temps !
A. Je n'ai vraiment pas de chance…
B. J'ai eu finalement raison d'être super exigeant.

Avoir le courage

« Le courage conduit aux étoiles et la peur à la mort. »

Sénèque

Témoignage

« Je suis plutôt timide. Je suis célibataire et je travaille dans la comptabilité. Je n'ai pas d'attirance particulière pour les chiffres mais je n'avais pas envie de suivre des études longues. J'étais assez pressée de travailler pour avoir mon indépendance. Le travail n'est pas passionnant. Souvent, je n'ai pas grand-chose à faire et je m'ennuie ferme. J'aimerais m'amuser davantage et faire des activités où je me sentirais plus vivante. J'ai envie d'essayer le théâtre mais je ne suis pas certaine d'y arriver. J'ai du mal à me lancer. J'ai appris que le comité d'entreprise proposait des ateliers théâtre à des prix très bas. Il faut quand même que j'aille me renseigner. Je me suis décidée à tester un cours. J'ai rendez-vous avec Irène, une personne qui travaille au service marketing et que j'ai rencontrée lors des inscriptions. Pour nous donner du courage et ne pas nous dégonfler, nous avons décidé d'y aller ensemble. Cela nous oblige à aller jusqu'au bout. Nous avons très peur, l'une comme l'autre d'essayer. Je suis ravie du cours de théâtre. Cela m'a fait beaucoup de bien. Au début, j'étais terrifiée. Mais le metteur en scène nous a mis à l'aise. Nous avons d'abord fait des exercices corporels, puis des jeux. Ensuite, nous avons mimé des situations, en petits groupes. Je n'ai pas vu le temps passer. Avec Irène, nous avons décidé de nous revoir la semaine prochaine pour y aller à nouveau ensemble. Pourquoi n'ai-je pas osé avant ? Je me sens tellement bien, comme libérée. Je sais que jouer des pièces va me faire peur mais je me suis aperçue que

j'arrivais à faire certaines choses, parfois mieux que d'autres. Et puis, le metteur en scène m'a félicitée. Il m'a trouvée inventive. Incroyable, non ? Alors pourquoi ne pas me lâcher davantage ? Je crois que je vais vraiment me faire plaisir avec ce cours. C'est très tonique. Cela a un effet dynamisant. Je comprends pourquoi cette discipline est conseillée aux timides, c'est radical : au bout d'un quart d'heure, je n'étais plus du tout réservée. Lorsque j'ose, la peur tombe. C'est très exaltant mais aussi très intense d'être ainsi exposée devant les autres. Je suis vraiment contente de moi. J'ai réussi à surmonter mes craintes. Je me suis lancée. Là, je m'apprécie, je m'estime. Je sais que j'ai encore du travail à fournir pour me sentir à l'aise mais j'ai vraiment l'impression que faire du théâtre va me permettre de faire sauter mes blocages. D'ailleurs, je me suis sentie assez à l'aise avec les autres. J'ai même sympathisé avec plusieurs d'entre eux. Je sens que ma vie va être beaucoup plus agréable. »

Odile, 27 ans

Un peu de théorie

Regardons les choses en face

Qu'est-ce qui nous fait souffrir ? Qu'est-ce qui nous bloque ? À un moment donné, nous devons avoir le courage de faire face à ce qui est insupportable. Nous devons examiner nos peurs. Cela requiert de la volonté et du courage. Mais nous sommes les seuls à pouvoir le faire. Personne ne peut agir à notre place. Comme Odile, qui a trouvé la force de faire ce qui l'attirait malgré ses peurs, osons surmonter ce qui nous empêche d'être bien. Affrontons nos démons. Ils ne sont pas si terribles que ça.

Ne cédons pas à la paresse

Lorsque nous nous apercevons que nos pensées nocives commencent à nous envahir, ressaisissons-nous. Mobilisons notre énergie à considérer ce que nous dit notre mental.

Ne reproduisons pas à nouveau nos vieilles habitudes, celles de céder au mental. Tenons-lui tête. Examinons les propos qu'il tient et qui ne nous appartiennent pas. Mettons-les en doute pour les rejeter.

Interrogeons-nous

Nous devons prendre le temps de nous questionner. Pourquoi répétons-nous des schémas dont nous ne voulons plus ? Ne pouvons-nous pas décider de nous en libérer ? Ne nous attachons plus à des scénarios dépassés, osons nous ouvrir à l'inconnu.

Une attitude honnête

Nous alimentons des discours récurrents. Ils peuvent être liés à des conflits non résolus. Par exemple, notre conjoint a envie d'aller au cinéma, mais pas nous. Au lieu de lui dire que cela nous déplaît, nous cédons à son désir. Nous agissons ainsi pour éviter toute friction car en ce moment, notre couple est un peu fragile. Ce non-dit va alimenter toutes sortes de pensées nocives. La relation risque de devenir difficile si nous persistons à alimenter ces non-dits. Il faut donc réagir au plus vite pour empêcher que la situation ne se reproduise et s'envenime. Il faut dialoguer. Nous devons donc avoir le courage d'affronter ce qui nous effraie vraiment : cela peut être la peur de perdre notre conjoint, la peur de ne pas être à la hauteur, etc.

Examinons nos reproches

Nous sommes les champions de l'insatisfaction. C'est pourquoi nous consacrons beaucoup de temps à alimenter des reproches. Ils peuvent être dirigés contre nous ou adressés aux autres. Par exemple, lors de notre dernière négociation de salaire, nous estimons que nous aurions dû refuser l'offre de notre supérieur et l'obliger à nous proposer un pourcentage sur les ventes plus avantageux. Nous pensons que nous avons manqué d'à-propos, que nous n'avons pas été suffisamment présents ni réactifs. Bref, nous nous sous-estimons, ce qui est nuisible pour notre bien-être. Est-il nécessaire de revoir ainsi notre comportement passé ? Ne pouvons-nous pas demeurer dans le présent ? De même, est-il utile de reprocher aux autres leurs attitudes ? Ne pouvons-nous pas les accepter tels qu'ils sont ?

Débarrassons-nous de nos douleurs

Il n'existe qu'une seule façon de venir à bout de nos tracas : les affronter. Il est parfois plus confortable de ne pas le faire parce que nous sommes habitués à ces états. Nous les connaissons bien. Même s'ils sont pénibles, nous préférons la souffrance à l'idée de devoir leur faire face. Notre peur de l'inconnu est souvent la plus forte. Alors, décidons de ne plus céder à cette paresse. Considérons posément ce qui nous ennuie. Ayons le courage de regarder les choses en face.

Ayons le courage d'être seul

C'est dans la solitude que nous pouvons nous découvrir et nous apercevoir de nos erreurs. Affronter la solitude est à la portée de chacun. Les prises de conscience nécessaires pour lâcher prise s'effectuent dans notre intériorité, seul. Les décisions à prendre pour vivre de façon intègre se font également seul.

À RETENIR

Cessons de nous lamenter

Il peut nous arriver de nous apitoyer sur nous-mêmes : la vie est décidément trop difficile. Comment y arriverons-nous ? Qu'avons-nous fait pour subir autant ? Nous pouvons passer notre vie à nous plaindre mais ne vaudrait-il pas mieux changer notre attitude ? Prenons notre vie en main et assumons ce qui nous arrive. Prenons les décisions nécessaires pour obtenir le meilleur.

Arrêtons de réclamer de l'aide

Nous entretenons des dépendances à demander de l'aide aux autres alors que nous pouvons très bien agir seuls, en êtres responsables. Montrons-nous à la hauteur de la situation. Il ne sert à rien de croire que nous avons besoin des autres pour surmonter un événement. Ce qui risque d'arriver c'est de nous sentir de plus en plus faibles et dépendants. Nous avons la capacité d'assumer ce qui nous arrive. Cessons de nous montrer terrifiés par la vie.

Laissons tomber la monotonie

Il n'y a rien de plus déprimant qu'une vie dont les jours se ressemblent. Ouvrons-nous, cherchons ce qui peut nous enthousiasmer, transformons notre quotidien. Ne nous laissons plus endormir par une vie sans encombre, figée par la crainte. Réveillons-nous. Soyons nous-mêmes.

Transformer son attitude

« Rien ne va plus au-dehors car rien ne va plus au-dedans. »

Matthieu Ricard

Témoignage

« J'ai beaucoup changé. Auparavant, j'étais souvent agressive. Je ne laissais rien passer. Quand quelqu'un me bousculait dans la rue, je criais. Si une personne ne me tenait pas la porte quand je rentrais derrière elle, je l'invectivais. Si une autre oubliait de me saluer, je lui faisais vertement remarquer. Bref, je passais beaucoup de temps à pester après le comportement d'autrui. Je me suis finalement aperçue que cela me gâchait la vie et me demandait un peu trop d'énergie. J'ai appris à prendre de la distance avec tous les petits tracas de la vie quotidienne. Ça n'est jamais acquis, mais j'y travaille. Plus j'avance dans ma démarche de lâcher-prise et plus je me rends compte que les choses sont plus simples. Je crois que j'y arrive de mieux en mieux. J'essaie d'être vigilante en surveillant mes pensées. C'est une sorte de réflexe qui fonctionne comme un muscle. Je ne prends plus les choses à cœur. Lorsqu'une personne me dit des paroles blessantes, je ne réagis plus comme avant. Je ne réponds plus du tac au tac. Je prends de la distance et je ne la juge pas. Dans mon travail, j'ai été confrontée à une responsable qui n'avait confiance en personne. De ce fait, elle contrôlait tout le monde. Elle vérifiait, par exemple, tous les courriers que j'adressais aux fournisseurs. Elle perdait ainsi un précieux temps qu'elle aurait pu utiliser pour faire son propre travail. Je ne me suis pas mise en colère. Je l'ai même observée avec amusement. Que d'énergie

gaspillée ! Je me rendais bien compte qu'elle agissait ainsi par peur et par ignorance (c'était son premier poste à responsabilités). Au bout de quelques jours, je lui ai dit : "Madeleine, avez-vous trouvé des erreurs dans ce que j'ai fait ? – Non, pas du tout. Je vous l'ai dit d'ailleurs. – Bien sûr. Je travaille ici depuis quatre ans, je sais ce que j'ai à faire. Aussi, croyez-vous qu'il soit nécessaire de vérifier mon travail ? – Il me semble que cela fait partie de ma fonction. – Non, vous devez pouvoir vous reposer sur toute l'équipe. C'est différent. Vous perdez votre temps à nous contrôler. C'est inutile. Nous connaissons notre job. Faites-nous confiance. – Vous croyez ? Mais… – Essayez. – D'accord." J'ai un peu déstabilisé Madeleine. Je l'ai vue repartir dans son bureau, visiblement contrariée. Elle a dû réfléchir car elle nous a laissé travailler depuis cette conversation. Si je l'avais laissée faire, je crois que les relations seraient vite devenues insupportables. J'aurais été incapable d'agir ainsi il y a quelques années. Je serais devenue agressive et je me serais mise en colère après Madeleine. Désormais, je suis plus sereine. J'estime davantage les gens. »

Annick, 45 ans

Un peu de théorie

Utilisons l'humour

La pratique de la dérision et de l'humour est très utile en cas de situations difficiles. En essayant d'en rire ou d'en sourire, nous dédramatisons les choses et nous les rendons plus supportables. Cela permet de relativiser. La situation est-elle si grave dans le fond ? Ainsi, Annick a pu améliorer l'attitude de Madeleine grâce à son détachement amusé. L'humour lui a permis de voir les craintes de Madeleine et de pouvoir lui parler sans la blesser.

N'entretenons plus la souffrance

Souffrir est insupportable et pourtant nous nous complaisons dans la douleur. Nous nous accrochons à elle plutôt que de vivre autre chose. C'est la peur de l'inconnu qui nous empêche de modifier notre comportement. Qu'est-ce que nous risquons à laisser tomber la souffrance ? Il est tout à fait possible de la mettre de côté. Si nous ne la souhaitons pas, prenons la décision de ne pas y céder.

Dépistons l'arrivée des émotions

Nous n'avons pas reçu de carton d'invitation pour le mariage d'un ami, alors qu'il nous en parle depuis six mois. Un flot d'émotions s'empare de nous : de la surprise, mêlée à de la colère et de la tristesse. Si nous sommes attentifs, nous nous rendons compte que nos émotions sont le reflet de ce que nous éprouvons et pensons. Nous nous sentons écartés de la fête et donc rejetés. Nous sommes blessés car nous pensions que notre ami nous estimait et donc nous inviterait. Si nous cédons à nos émotions, nous allons passer la journée à ruminer et à nous effondrer de plus en plus. Par contre, si nous prenons de la distance et considérons les opinions à l'origine de notre ressenti, il nous est alors possible d'y remédier. Or, toutes nos émotions sont le résultat de notre incompréhension : nous ne comprenons pas pourquoi notre ami ne nous a pas invités. Appelons-le pour vérifier s'il ne s'agit pas d'un oubli. Il est fort possible qu'il nous dise qu'il a envoyé des invitations uniquement aux relations un peu éloignées. Mais, comme nous faisons partie des proches, il pensait que de nous l'avoir annoncé de vive voix suffisait !

Nous ne pouvons pas tout changer

Nous ne possédons pas les super pouvoirs qui nous permettraient de transformer tout ce que nous n'apprécions pas. Nous ne pouvons pas tout contrôler. Il faut l'admettre et l'accepter. Nous avons tous envie de tout maîtriser. Soyons confiants pour renoncer à cette volonté de pouvoir. La confiance s'apprend et se construit. Il faut l'expérimenter pour se rendre compte qu'elle libère et ouvre des portes. Nous ne risquons rien à l'utiliser, bien au contraire.

Nous ne sommes pas parfaits

Nous vivons dans une société où la compétitivité s'exerce dès le plus jeune âge. À l'école, nous luttons pour obtenir de bons résultats. Ensuite, c'est la course aux diplômes, puis la confrontation au monde du travail où, là encore, nous devons prouver que nous sommes performants. Lorsque nous cherchons un logement, nous devons présenter le meilleur dossier pour être sélectionnés, etc. Ainsi, dans de nombreux domaines, nous essayons d'être les meilleurs. Or, cette attitude ne va pas du tout dans le sens du lâcher-prise. Sachons reconnaître, au contraire, nos imperfections : nous ne sommes pas meilleurs, ni parfaits. Arrêtons de courir après des honneurs artificiels. Essayons d'être nous-mêmes, en toute simplicité. Nous ne savons pas tout faire. Acceptons nos limites.

Sachons nous adapter

Lorsqu'un problème inattendu survient, pas de panique, sachons prendre le recul nécessaire pour être en mesure de le résoudre. Lorsqu'un événement arrive, c'est que nous sommes capables de le surmonter. Les situations nouvelles nous permettent d'évoluer. Par exemple, un collègue doit faire une présentation demain et nous apprenons qu'il est souffrant. Notre employeur nous demande de le remplacer. Nous n'avons jamais fait ce genre d'exercice. Au lieu de stresser, considérons que c'est l'occasion de nous lancer. Essayons d'y trouver du plaisir, cela nous permettra de garder une attitude positive.

À RETENIR

Soyons responsables

En surveillant nos émotions et nos pensées, en prenant du recul sur les événements et en ne jugeant pas précipitamment les autres, nous adoptons une attitude pleine de sagesse. Cette bienveillance témoigne d'une responsabilité. Nous prenons ainsi notre vie en mains. Nous ne sommes plus ballottés par les situations mais, au contraire, nous intervenons en toute lucidité. En apprenant le lâcher-prise, nous devenons de plus en plus autonomes.

Écoutons notre vérité

Lorsque, par exemple, nous avons l'impression de traverser une situation désespérée, il est toujours possible d'y remédier. La solution ? Arrêtons-nous, respirons, écoutons le Soi. C'est au calme, dans le silence intérieur, que la lumière se fait. Nous avons tous au fond de nous, une petite voix qui nous souffle ce qu'il faut faire.

Transformons notre façon de penser

Ne restons pas attachés à nos préoccupations quotidiennes. Élargissons notre horizon. Empruntons les chemins où nous ne sommes jamais allés. Faisons-nous confiance et osons vivre la vie qui nous correspond.

Prêt à lâcher prise

« Il y a un temps intérieur qui n'a rien à voir avec le temps que l'on peut mesurer. »

Karlfried Graf Dürckheim

Témoignage

« J'enseigne le piano au conservatoire. Mes journées sont parfois longues. Heureusement, j'ai souvent des matinées libres que j'aménage à ma guise. J'adore profiter seule de la maison, quand les enfants sont partis au lycée et que mon mari est au bureau. Je me livre à une sorte de rituel chaque matin. Tout d'abord je consacre environ vingt à trente minutes à effectuer quelques exercices de gymnastique douce. Cela me met en forme. Ensuite, je prends ma douche. Je savoure ce moment. J'apprécie tout particulièrement la chaleur de l'eau sur mon corps. Je m'habille et je me maquille assez rapidement. Puis, je me prépare une tasse de café. Là encore, je goûte intensément cet instant. Je bois à petites gorgées, généralement debout, devant la fenêtre de la cuisine à observer la nature. C'est un moment délicieux pour moi. Je suis seule, en harmonie avec ce qui m'entoure. Je savoure cette quiétude. Dès le printemps, je m'installe dehors, dans le jardin, pour boire mon café. Mais, lorsque je suis à l'extérieur, j'ai tendance à prolonger mon inactivité. Je suis devenue très contemplative. Je peux passer une heure à observer mon jardin. Quand j'estime que c'est suffisant, je commence ma journée de femme active. Je prépare mes cours. À l'heure du déjeuner, il m'arrive de rejoindre une amie. Mais, la plupart du temps, je me confectionne un repas léger que je mange avec appétit et avec plaisir. J'essaie toujours

d'être à ce que je fais. Si je mange, je porte mon attention à la nourriture. J'essaie de reconnaître toutes les saveurs. Je mange lentement. Cela m'amène à apprécier davantage la nourriture. Je suis très vigilante à ce que mon corps ressent. Par exemple, lorsque je suis dans le jardin et qu'un rayon de soleil m'atteint, je suis attentive à ce que ma peau reçoit. Je me délecte de cette délicieuse chaleur. Je me rends au conservatoire à pieds. Cela me prend au grand maximum dix minutes. Parfois, aux beaux jours, j'y vais à vélo. Faire du vélo me met immédiatement de bonne humeur. C'est assez curieux. Le fait d'être ainsi à l'air libre et de me mouvoir rapidement est très euphorique. Je reçois une légère brise sur mon visage et c'est très agréable. En plus, je me sens davantage en forme lorsque j'arrive au conservatoire, même si je n'ai roulé que cinq minutes ! J'aime mon travail et j'essaie d'enseigner de mon mieux. Je fais en sorte que mes élèves prennent du plaisir avec le piano. Quand je donne un cours, je m'efforce d'être très présente pour répondre aux difficultés que rencontrent les élèves. Mes journées s'écoulent ainsi paisiblement. Je veille essentiellement à les agrémenter d'instants de bonheur. »

Elisabeth, 46 ans

Un peu de théorie

Renouons avec l'émerveillement

Retrouvons notre âme d'enfant, essayons d'avoir la même attitude confiante et joyeuse que nous avions plus jeunes. Qu'est-ce qui nous procure du plaisir ? Qu'aimons-nous faire ? Qu'est-ce qui nous amuse ? Rappelons-nous notre comportement enfantin. Chaque journée était l'occasion de découvrir des activités nouvelles ou d'inventer des jeux. Essayons de retrouver cette même veine. Lorsque nous avons un peu de temps, utilisons-le pour laisser libre cours à notre créativité. Si nous avons envie d'écrire une nouvelle, lançons-nous. Si nous préférons peindre, faisons-le. Mais agissons en fonction de ce qui nous amuse. Écoutons notre enfant intérieur.

La contemplation

La nature nous ressource. Elle nous permet de retrouver la paix intérieure et de nous sentir en accord avec nous-mêmes. Les citadins souffrent de l'insuffisance d'espaces verts. Aussi, dès que la possibilité nous est offerte, sachons savourer les bienfaits de la nature. Prenons le temps de l'admirer, de faire corps avec elle. Quand nous sommes en vacances au bord de la mer, sachons apprécier la beauté de l'océan. Observons la perfection des coquillages. Si nous sommes à la montagne, laissons-nous surprendre par la multitude des fleurs sauvages. Laissons-nous porter par la contemplation des cimes enneigées. La nature nous enseigne sur nous-mêmes et nous apporte une dimension spirituelle.

Faisons vibrer notre cœur

Laissons libre cours à nos émotions. Lorsque nous observons la pureté d'une orchidée ou la nature généreuse d'une pivoine, efforçons-nous de mettre un mot sur notre ressenti. La beauté nous émeut. Elle touche quelque chose de profond en nous, de l'ordre du divin. Elle touche notre cœur.

Trouvons le calme

Arrêtons de penser. Demandons à notre mental de cesser son « babillage ». Prenons l'habitude de prêter attention à toutes ces pensées qui nous encombrent inutilement. Demandons à notre mental de fonctionner, seulement quand nous en avons besoin. Respirons dans notre tête ! L'idéal est de le faire plusieurs fois par jour. C'est un réflexe à acquérir.

Reconnaissons notre véritable nature

Notre nature nous est dévoilée lorsque nous connaissons la paix intérieure. Nous pouvons l'appeler présence intérieure ou encore conscience de Soi. C'est un endroit très calme, empreint de sagesse, que nous avons tous en nous. Sachons reconnaître cette profondeur et cette richesse que nous avons. Prenons le temps de nous y connecter souvent. Nous y accédons dans le silence en étant dans l'instant. Notre vraie nature nous est révélée lorsque nous sommes ici et maintenant.

Laissons les choses s'accomplir

Lâcher prise, c'est faire ce que nous avons à faire, puis arrêter d'y penser. Par exemple, Béatrice est comédienne et elle a un besoin urgent de travail. Elle contacte toutes les agences de casting spécialisées en publicité. Elle sait que les publicités sont toujours bien rémunérées et ne requièrent pas beaucoup de jours de tournage. Elle envoie sa photo et n'y pense plus, confiante. Effectivement, plusieurs agences vont lui téléphoner et la convoquer pour des essais. Alors imitons-la : agissons et lâchons prise. C'est de cette façon que nos actions aboutiront.

À RETENIR

Traitons-nous avec respect

Nous devons nous comporter avec nous-mêmes de façon respectueuse. Pour cela, nous devons faire attention à nous, être attentifs à nos désirs véritables, à combler notre nature profonde. Pour parvenir à nous respecter, il suffit de nous dire que nous sommes précieux.

Écoutons l'enfant en nous

Notre enfant intérieur nous permet de nous ouvrir à la créativité et la joie. Il fait partie de nous et nous devons lui consacrer du temps. Il participe à notre équilibre. C'est pourquoi nous devons faire des choses qui nous amusent et nous libèrent, le plus souvent possible. Accordons-nous des moments de folie ou de délire : renouons avec le jeu.

Soyons authentiques

Lâchons prise pour nous défaire de ce qui entrave notre véritable nature. Plus nous lâchons prise et plus nous devenons vrais.

Rendons la vie plus facile

Au fur et à mesure que nous lâchons prise, les choses se clarifient. Nos comportements sont plus harmonieux et nous nous sentons de mieux en mieux. En lâchant prise, nous sommes attentifs à nos activités quotidiennes. Nous sommes détendus et confiants. Si un imprévu survient, nous ne cédons pas à la colère ou à toute autre émotion négative, nous étudions l'événement comme il le mérite et nous réglons les choses selon leur importance, sans affolement. Notre vie est ainsi grandement facilitée et notre humeur bien meilleure.

Quel créatif êtes-vous ?

1) Quatre vieux amis sont là pour dîner. Que cuisinez-vous ?
B. Un plat qui vous rappelle des souvenirs communs.
A. Un plat qui vous ressemble.
C. Un plat compliqué que vous maîtrisez parfaitement.

2) Imaginons que vous êtes musicien. Votre plaisir :
A. Révéler une part de votre personnalité.
B. Faire passer un message fort au monde.
C. Exprimer toute votre technique musicale.

3) Quel style de peintres préférez-vous ?
C. Ceux qui peuvent reproduire la vie à la perfection.
A. Ceux qui laissent faire notre imagination…
B. Ceux qui ont n'ont pas peur de choquer, provoquer.

4) Une œuvre que vous aimeriez ou pourriez faire :
B. Une chanson engagée sur la politique.
A. Une autobiographie sans concessions.
C. Une immense fresque murale.

5) Les critiques sur votre œuvre sont mauvaises…
A. Tant pis, votre but n'était pas d'être aimé.
C. Ils n'ont pas la même vision de l'art !
B. C'est exactement l'effet recherché : provoquer !

6) Selon vous, l'art est quelque chose :
B. Qui se partage avec le plus grand nombre.
A. De profondément intime, révélateur.
C. Qui doit être extraordinaire, monumental.

7) Pour créer, selon vous, il faut…
A. Aller fouiller profondément en soi-même.
C. Savoir faire le maximum avec le minimum.
B. Ne pas avoir peur d'exprimer des choses fortes.

8) Que préférez-vous dans l'art ?
C. Le jeu avec les matières, les contraintes…
B. Le moment où les autres réagissent à votre art.
A. Le fait d'y jeter ses émotions.

9) Vous seriez un vrai artiste si seulement…
B. Vous arriviez à exprimer correctement vos idées.
A. Vous n'étiez pas si pudique.
C. Vous étiez capable de peindre ou composer.

10) Que pensez-vous des cours d'arts plastiques à l'école ?
A. Ça ne sert à rien ! C'est trop académique.
B. Des enfants peuvent ainsi s'exprimer autrement.
C. Ce serait vous, ils en feraient encore plus !

11) Que diriez-vous à quelqu'un qui n'aime pas l'art ?
A. Nous sommes tous des artistes en puissance !
B. L'esthétique ne compte pas. Seul le message compte.
C. Une fois que tu sauras comment faire, tu aimeras.

12) Quel genre d'art n'aimez-vous pas ?
C. Les œuvres que n'importe qui pourrait faire.
A. Les œuvres qui ne vous apportent aucune émotion.
B. Les œuvres que vous ne comprenez pas.

Vivre l'instant présent

« Chaque jour possède son lot de pensées, de mots et d'actions. Vivez au diapason du jour. »

Rabbi Nhaman de Bratslav

Témoignage

« J'ai essayé de vivre dans l'instant le jour où j'ai eu très peur. Mon médecin m'avait prescrit des analyses pour vérifier si je n'avais pas le cancer. Je devais patienter une semaine avant d'obtenir les résultats. J'étais dans un état de nervosité extrême. Je ne savais pas comment faire pour arrêter de m'inquiéter. Au bout de trois jours d'angoisse, j'étais persuadé d'avoir la maladie. Heureusement, un ami me téléphonait régulièrement pour me réconforter. Il me disait : "Essaie de ne pas penser à l'avenir. Il existe un moyen très simple : efforce-toi d'être au présent. Vis l'instant". Facile à dire mais difficile à faire. Mais j'ai essayé et je me suis vite aperçu que cela fonctionnait. Il suffit de l'expérimenter une seule fois pour s'en rendre compte. Malheureusement, les pensées qui me terroriseraient, revenaient sans cesse. Sur les conseils de mon ami, j'ai acheté un ouvrage sur le thème du moment présent. J'ai passé les soirées suivantes à le dévorer et à le pratiquer. Je sentais que cela marchait : quand je parvenais à rester dans le moment présent, je ne pensais plus à la maladie. J'étais là, disponible entièrement, je parvenais à me consacrer à l'instant. Plus j'arrivais à rester dans le présent, et moins mes idées noires avaient de puissance. Leur intensité diminuait. Je sentais qu'elles perdaient leur crédibilité : ces pensées essayaient de me faire peur, de me mener en

bateau, de me faire perdre la tête. Mais après tout, comment pouvaient-elles connaître l'avenir ? C'était impossible ! Je ne pouvais donc pas les croire ! J'ai compris qu'elles ne servaient qu'à me nuire et qu'il fallait que je leur résiste. C'est pourquoi j'ai tenu jusqu'au bout. J'ai réussi, tant bien que mal, à demeurer dans l'instant. Dès qu'une pensée revenait, je prenais une grande respiration, la regardais et la laissais partir en me concentrant sur l'instant. C'est très difficile à effectuer au début. Les analyses étaient négatives : je n'avais pas le cancer. Je considère que cet épisode douloureux n'est pas inutile : il m'a permis d'apprendre à vivre dans le présent. Je suis content aujourd'hui d'avoir pu le vivre et le surmonter. Depuis cet événement, je m'applique à être dans le présent (je n'y arrive pas systématiquement mais je m'y emploie) et ma vie s'est transformée. Je règle tout au fur et à mesure. Et je me suis rendu compte que cette attitude est très efficace. Je ne m'inquiète plus. Je suis devenu plus serein et plus calme. J'ai davantage confiance. »

Alain, 38 ans

Un peu de théorie

Seul le présent existe

Lorsque nous réfléchissons à un événement passé, nous avons terminé de le vivre. Il n'est plus là. Alors pourquoi ressasser des histoires qui n'ont plus cours ? De même, lorsque nous imaginons l'avenir, nous émettons des hypothèses. Cet avenir n'existe pas. Il est fictif. Bien sûr, nous avons parfois besoin de nous projeter dans le futur pour démarrer un projet ou de considérer le passé pour en comprendre le sens. Mais, lorsque certaines pensées nous rendent mal à l'aise, s'apercevoir qu'elles n'ont aucune existence réelle, parce qu'elles appartiennent au passé ou au futur, permet de demeurer avec soi, en toute quiétude.

Un état de vigilance extrême

Vivre le moment présent, c'est être dans un état de présence intense, calme et alerte. C'est vivre dans la conscience de soi. Aucune pensée n'occupe ce territoire. Le mental ne vient plus nous gêner. Nous sommes alors dans un état de vigilance extrême.

Une confiance accrue

Quand nous sommes conscients de notre intériorité, tout peut aller bien à l'extérieur. C'est en étant dans le présent que nous pouvons développer notre confiance en soi, aux autres et dans le monde. La confiance fait partie de l'état de présence. Nous avançons, en toute quiétude, sur notre chemin.

Soyons attentifs

Pour être dans l'instant, nous devons exercer une vigilance permanente. Au début, il est impossible d'y arriver longuement. Mais plus nous nous efforçons de rester dans le présent et plus nous y parvenons. Nous avons la faculté d'apprendre vite. Le tout est d'être persévérant. Nous devons nous concentrer pour être là, simplement. C'est une question d'attention à soi.

Cultivons l'intention

Un moyen d'être présent est d'utiliser l'intention. Il s'agit de décider, avant chacune de nos actions, ce que nous avons l'intention de faire. Par exemple, vous devez prendre votre voiture pour vous rendre à un rendez-vous. Avant de vous mettre au volant, concentrez-vous. Qu'avez-vous l'intention de faire ? Comment souhaitez-vous que les événements se déroulent ? Vous pouvez ainsi décider de rouler sans vous énerver, que tout se passe bien et que vous trouviez facilement une place pour vous garer. De même, avant votre rendez-vous, consacrez deux minutes à faire le point sur la façon dont vous souhaitez qu'il se passe. En agissant ainsi, vous constaterez que votre conscience du moment sera accrue. En plus, les choses ont de grandes chances de se dérouler comme vous l'aviez prévu !

Utilisons nos sens

Pour prendre conscience de l'instant, essayons, lorsque nous mangeons une tartine de confiture par exemple, de la goûter comme s'il s'agissait de la première fois. Quelle texture a-t-elle ? Quel parfum délivre-t-elle ? Quelles saveurs renferme-t-elle ? L'objectif est de décrypter le maximum de sensations. Cet exercice va renforcer notre propre présence.

Nos résistances

Nous avons des réticences à vivre dans le présent car nous avons perdu notre conscience de l'Être. C'est le malaise de notre civilisation. Nous ne connaissons plus ce repère intérieur. Personne ne nous a enseigné à le trouver. Il faut désormais le redécouvrir, ce qui implique de se libérer de nos résistances.

Vivons pleinement

Choisissons d'adopter le moment présent car c'est là que se déroule la vie réelle. Cela signifie être attentif à soi, aux autres et au monde. Dans le moment présent, nous ne portons pas de jugement, nous écoutons les autres avec bienveillance. Dans le moment présent, nous avons conscience de l'essentiel. Dans le moment présent, nous sommes entièrement là.

Apprécions la vie

Vivre le moment présent, c'est savoir profiter de la vie. C'est faire de chaque instant un bien précieux. Alors observons, par exemple, la beauté d'un paysage. Savourons ce qui peut nous rendre heureux : le chant d'un oiseau ou le rire d'un enfant. Reconnaissons que le monde qui nous entoure regorge de merveilles.

À RETENIR

Libérons-nous du temps

Efforçons-nous d'être le plus fréquemment possible dans l'instant. Il faut essayer de ne plus penser ni au passé, ni au futur, puisque ces pensées génèrent des émotions souvent négatives. Nous devons sortir de cette dimension temporelle qui appartient au domaine de la souffrance. Rappelons-nous : le présent est sans douleur.

Sentons-nous vivant

Être dans l'instant nous permet d'être reliés à soi. C'est ainsi que nous nous sentons profondément vivant. Nous ne sommes plus dans l'insatisfaction mais accueillons la vie sereinement. Nous savons ce qui est primordial pour nous.

Ici et maintenant

Le moment présent se vit ici et maintenant et pas à un autre moment. Il n'existe rien d'autre en dehors du moment présent.

La qualité de l'instant présent

Le moment présent est bonheur et joie. Lorsque nous agissons en pleine conscience, nous avons alors accès à un réel état de bien-être. En étant dans le présent, nous avons accès aux états intemporels qui sont le bonheur, la paix, l'amour, la compassion et la satisfaction.

Donnons du sens

En vivant dans l'instant présent, notre vie prend toute sa dimension. Nous sommes en harmonie avec nous-mêmes et nous agissons en accord avec notre personne.

S'alléger

« Savoir se contenter de ce que l'on a constitue le plus haut degré de bonheur. »

Yoga Sutra

Témoignage

« J'ai pris l'habitude de jeter, dès que mes étagères ou mes armoires me semblent trop chargées. La première fois que je l'ai réalisé, c'est lorsque je me suis séparée de mon ami, Lucas. Nous vivions ensemble et j'ai fait le tri de ce que je pouvais emmener avec moi. Ça n'a pas été simple de jeter, de me séparer de certains objets, qui avaient une valeur affective, ou de choses que j'aimais bien. Mais j'emménageais dans un studio, un espace beaucoup plus petit. Je n'avais pas d'alternative : je devais laisser certaines choses à Lucas, en donner d'autres et enfin en jeter. Tout ce que je possédais ne tenait pas dans mon futur logement. Je suis finalement parvenue à faire des choix, mais cela n'a pas été sans douleur. J'avais du mal à laisser certaines choses à Lucas, comme ces petits bols dans lesquels nous prenions notre café. C'est assez ridicule, mais je les aimais bien. J'ai mis du temps à me décider. Si je les prenais, je savais que je penserai à Lucas en les utilisant. Donc, je les lui ai laissés. Mon départ ne s'est pas fait sans souffrance. Je partais mais j'avais toujours des sentiments pour Lucas. Néanmoins, je savais que je devais partir. Il fallait mettre un terme à notre histoire. En me séparant de certains objets, c'est comme si je réussissais à laisser une partie de mon passé. La qualité de ce que j'allais vivre en dépendait. Quand je suis arrivée dans mon nouveau chez moi, je me suis sentie libérée et légère. J'étais un peu triste parce que je souffrais de la séparation mais le fait d'être

partie avec juste ce qui me fallait était revigorant. Je pouvais ainsi repartir sur de nouvelles bases. J'avais avec moi l'essentiel pour me retrouver, me reconstruire et bâtir une nouvelle vie. J'ai acheté quelques meubles pour ranger mes affaires personnelles et me sentir bien dans ce nouveau lieu. Je voulais l'habiter intelligemment. C'est pourquoi je veille à ne plus m'encombrer. Par exemple, dès que les bibliothèques commencent à se remplir, j'opère un tri. Je regarde ce qui m'est indispensable, ce que j'aime vraiment, et je jette ou je donne le reste. Je fais la même chose pour le contenu de ma penderie, à chaque changement de saison. Si je n'ai pas porté une tenue depuis plus d'un an, je décide de la donner. Pour la cuisine, mon espace est assez réduit, donc il faut absolument que je me limite à l'essentiel. Aussi, quand le revêtement d'une poêle est trop usé, que les aliments attachent lors de leur cuisson, je ne tergiverse pas. Je jette la poêle et je la remplace. J'éprouve même du plaisir désormais quand je fais du vide. Je sais que je vais me sentir bien ensuite. C'est le cœur joyeux que je m'allège. »

Élodie, 31 ans

Un peu de théorie

Allégeons-nous pour nous libérer

Lorsque nous nous débarrassons des choses inutiles, nous libérons de l'espace. Ce vide allège à la fois le lieu mais aussi l'esprit. L'endroit respire et nous nous sentons plus légers. C'est comme si notre tête s'aérait. C'est un effet très vivifiant. Comme l'indique Élodie, en se séparant d'objets, elle s'est sentie libérée et allégée.

Faisons de l'ordre

Regardons autour de nous. Quelles sont les choses qui ne signifient plus rien pour nous ? Est-il indispensable de garder ce vieux bouquin sur le bricolage ? En jetant, nous pouvons réorganiser notre espace. C'est aussi l'occasion de revisiter notre manière de vivre. Adoptons le rangement. Soyons disciplinés et mettons de l'ordre dans notre vie. Certains sont tellement habitués à vivre dans le désordre qu'ils n'ont pas conscience que cela nuit à leur bien-être. Il suffit de remettre en place deux ou trois livres, ranger quelques revues et tapoter quatre coussins pour s'en rendre compte : ne sommes-nous pas mieux dans un endroit ordonné ? Notre esprit n'est-il pas plus détendu ?

Simplifions-nous la vie

En décidant de posséder moins, notre vie s'en trouve facilitée. Ainsi, nous ne passons pas dix minutes à chercher un vêtement dans la penderie. Nous cuisinons avec des ustensiles à portée de main. Nous n'avons plus à attraper le plat de service qui se trouve derrière le lot de casseroles. Tout devient accessible et notre vie s'en trouve simplifiée.

Privilégions le beau

En nous allégeant de ce qui nous encombre, nous avons la possibilité d'offrir plus de place aux objets que nous aimons. Nous pouvons mettre en valeur les choses que nous trouvons belles. Un vase sur une étagère attire le regard alors que, s'il se trouve entre une rangée de livres, nous ne le voyons plus.

À quoi sommes-nous liés ?

Quand nous partons en vacances, que prenons-nous avec nous ? Des vêtements, un passeport et de l'argent. N'avons-nous pas une impression de liberté en étant ainsi « dépossédés » de tous nos biens ? Est-ce que nos objets nous manquent lorsque nous sommes loin d'eux ? Sommes-nous attachés à des habitudes, comme la télévision ou Internet ? Quelles sont les choses qui nous empêchent d'être avec nous-mêmes ?

Le poids des souvenirs

Nous sommes souvent attachés à des objets qui nous évoquent le passé. Nous ne parvenons pas à nous en libérer. Est-il si important de conserver ce tableau offert par un ex ? À quoi cela nous sert-il de le garder ? Ce tableau nous rassure-t-il ? Pouvons-nous nous séparer des objets qui ont uniquement une valeur affective ? Réfléchissons à ce à quoi nous tenons. N'est-ce pas là l'occasion de nous en affranchir ?

Être ou avoir

La grande question est de savoir si nous privilégions le fait de posséder à celui d'être. S'entourer d'objets inutiles, vivre dans le désordre, accumuler des objets sont des habitudes nuisibles. Il est nécessaire de savoir ce que nous préférons : continuer à amasser comme le souhaite notre société de consommation ou accepter de vivre plus simplement, avec ce dont nous avons vraiment besoin ? Voulons-nous continuer à être menés par notre environnement consumériste ou souhaitons-nous être en harmonie avec nous-mêmes ?

Faisons de la place pour recevoir

En faisant table rase de tout ce qui nous encombre, nous permettons au nouveau d'entrer. Comment pouvons-nous l'accueillir dans un milieu surchargé ? En nous séparant du superflu, nous sommes à nouveau disponibles.

Choisissons nos relations

Sachons nous entourer de gens que nous estimons vraiment. Si certaines relations nous pèsent, rompons les liens. Ne gardons que celles qui nous permettent d'être bien.

À RETENIR

Soyons légers

En allégeant nos lieux de vie, nous rendons nos esprits plus alertes. Nous faisons du ménage à l'extérieur comme à l'intérieur.

Prenons soin de notre environnement

En conservant uniquement ce qu'il nous faut pour être bien, nous donnons de la valeur aux choses qui nous entourent. Nous choisissons de vivre dans un endroit qui nous va et qui nous correspond. En respectant nos lieux de vie, nous nous respectons également.

Une vie simple

Une fois nos habitations délestées de tout ce qui les encombre, interrogeons-nous sur ce que nous allons faire. Que souhaitons-nous avoir à présent ? Comment voulons-nous vivre ? C'est le moment de décider de mener une vie simplifiée. Étudions ce qui est essentiel pour nous. Entourons-nous de l'utile, du beau et de l'agréable.

Privilégions l'être

Plutôt que de posséder à outrance, décidons d'avoir ce qui nous est indispensable et ce que nous aimons. En adoptant ce principe, nous accordons davantage de place à qui nous sommes réellement.

Soignons les gens que nous aimons

Respectons-nous. Ne nous encombrons plus de relations pesantes. Ayons le courage d'assumer nos choix et entourons-nous de gens aimables.

Être

« Être veut dire présence. »

Martin Heidegger

Témoignage

« Je ne suis pas un adepte de la méditation mais j'aime bien néanmoins me livrer à des "activités" qui y ressemblent. De temps en temps, par exemple, je vais dans la nature pour être au calme. Je cherche un endroit tranquille et je m'assois. Là, je ne fais rien. J'observe. Je peux ainsi m'apercevoir de la présence des écureuils et des oiseaux. Je me sens privilégié de pouvoir regarder vivre tous ces animaux. Pour eux, tout a l'air simple : ils cherchent à se nourrir. Ils sont vifs, joyeux. J'admire aussi la majesté des arbres. Parfois, je m'installe au bord de l'eau. J'écoute et j'essaie de voir des poissons. Cela me ressource et j'ai vraiment la sensation d'exister pleinement. C'est un bol d'air nécessaire pour mon bien-être physique et mental. Ces rendez-vous sont devenus indispensables. C'est comme un appel intérieur pressant. Je dois y aller pour me retrouver et être à nouveau avec moi. Dans la nature, je sens ma présence, le Soi. Je suis calme, en paix. J'ai accès à la sérénité. Quand je retourne chez moi, je suis en pleine forme et heureux de vivre. Cela peut paraître idiot, mais j'ai besoin de m'offrir ce moment, rien que pour moi. Je ne considère pas cela comme égoïste mais au contraire indispensable à mon équilibre. Cette pause avec moi me rend joyeux et donc je suis beaucoup plus agréable avec les autres. Je fais très attention à me respecter. J'écoute mes désirs, mes envies. Je prends du temps avec ma propre personne parce que j'ai appris à m'aimer. Je fais aussi attention à ceux qui m'entourent. J'essaie de les aimer

du mieux que je peux. Je me suis libéré des croyances qui me faisaient du tort. Par exemple, quand j'avais la trentaine, j'avais une haute opinion de ma personne. Je voulais toujours me valoriser et je cherchais à me mettre en avant. En fait, je me gâchais la vie, mais je ne le savais pas. Un jour, je ne suis pas parvenu à respecter les délais dans mon travail. J'en étais malade. Ce retard montrait que je n'étais pas à la hauteur. Mais cette "faute" n'a pas eu de répercussion. Mon supérieur m'a simplement fixé un délai supplémentaire. Ce manque de "considération" m'a blessé. J'ai réalisé que je n'étais pas si important que cela et qu'il n'était pas nécessaire d'en faire trop. Du coup, je suis devenu moins orgueilleux et moins exigeant. J'ai évolué au fil des ans. Je crois que je suis enfin humble. Je me sens bien dans ma peau aujourd'hui. Je sais qui je suis et j'ai fini par m'accepter. Je n'avais pas une grande estime de moi avant parce que je me cherchais. Je ne savais pas de quoi j'étais capable. Toutes mes erreurs m'ont beaucoup appris. Je sais m'entourer de gens que j'aime. »

Loïc, 48 ans

Un peu de théorie

Qui sommes-nous ?

Nous nous posons tous un jour la question de savoir qui nous sommes. Cette quête semble devoir durer toute la vie. Nous nous forgeons d'abord une personnalité. Nous apprenons progressivement à mieux nous connaître. Nous cherchons à nous accomplir et notre besoin de réalisation de soi se précise au fur et à mesure que nous évoluons. Les autres occupent une place importante : que serions-nous sans leur regard et leur approbation ? Devenir soi, c'est se sentir responsable et en harmonie intérieure. Ce que nous cherchons, c'est nous épanouir et nous engager dans un projet qui donne du sens à notre existence. Devenir soi ne serait-ce pas réussir sa vie ?

Être soi

Être soi, c'est devenir libre. Il faut pouvoir s'assumer et ne plus vivre, par exemple, par rapport au regard des autres. Pour être nous-mêmes, nous devons nous considérer avec humilité et lucidité. Nous devons nous efforcer d'être fidèles à nous-mêmes. Être soi s'inscrit dans un processus, celui d'individuation, selon Carl Gustav Jung, et demande du courage. Nous devons pouvoir nous détacher de tout ce que nous avions construit comme carapaces, fausses croyances, etc. Être nous-mêmes, c'est nous montrer tel que nous sommes, dans toutes les situations et avec n'importe quelle personne.

Trouvons un équilibre

Être c'est trouver un équilibre entre ce que nous sommes et ce que nous voulons vivre. Pour cela, il nous faut respecter notre personnalité et nos valeurs, connaître nos compétences et les utiliser, savoir ce que nous aimons faire et agir dans ce sens.

Soyons intègres

Le lâcher-prise nous demande de lever le voile sur tout ce qui encombre notre esprit. Plus nous ôtons nos protections, plus nous nous montrons et plus nous sommes nous-mêmes. Nous nous dirigeons vers davantage d'intégrité. Dans le silence intérieur, nous savons qui nous sommes. C'est cette recherche de soi qu'il faut respecter. Nous sommes guidés de l'intérieur pour nous dépouiller de tout ce que nous avons fabriqué à l'extérieur, pour nous protéger. Mais cette protection nous empêche d'être véritablement nous-mêmes. Il faut, au fil des ans, nous en débarrasser.

Recherchons l'essentiel

Sachons reconnaître ce qui est important. À quoi et à qui tenons-nous sincèrement ? Prenons conscience de ce qui est inutile. Choisissons de vivre en accord avec nous.

Mettons du sens dans notre vie

En lâchant prise, en nous allégeant, nous accédons à davantage de liberté. Nous refusons les choses superflues, les relations ennuyeuses. Nous recherchons ce qui fait sens et ce qui nous apporte de la joie.

Ayons foi en nous

Nous avons tous des rêves de réussite, de bonheur. Écoutons-les et suivons-les. Nos buts intimes correspondent à nos désirs de réalisation et à ce que nous sommes.

Écoutons notre intuition

Lorsque nous sommes confrontés à un problème qui nous semble insoluble, il ne sert à rien de le ressasser dans tous les sens. Au contraire, demandons à notre mental de se taire. Faisons place au silence et stoppons nos pensées. Ne pensons plus à notre difficulté. La solution apparaîtra spontanément d'elle-même un peu plus tard. Lorsque nous cherchons un mot ou le nom d'une personne, nous pouvons procéder de la même manière. Arrêtons de chercher et pensons à autre chose. Notre intuition va nous indiquer le terme.

Accédons à notre conscience

Tout ce que nous avons besoin de connaître se trouve en nous. Il n'est pas nécessaire de consulter un maître zen ou un spécialiste spirituel. Comme le dit Guy Finley (1) : *« Nous sommes créés, chacun de nous, pour découvrir la vérité sur nous-mêmes à l'intérieur de nous-mêmes. »* La conscience est disponible dans l'instant. Ainsi, tout ce que nous avons besoin de connaître se trouve dans le moment présent. C'est la clé pour vivre en pleine conscience.

(1) Guy Finley, *Vivre et lâcher prise*, Les Éditions de L'Homme, 2005.

À RETENIR

Respectons-nous

Être soi c'est prêter attention à qui nous sommes pour nous permettre de nous accomplir.

Une vie harmonieuse

Être soi, c'est chercher à mener une vie en conformité avec notre nature, nos souhaits et nos valeurs.

Menons la vie qui nous correspond

Sachons reconnaître notre potentiel et l'utiliser dans un projet qui fait sens. La connaissance de soi nous est délivrée lorsque nous écoutons notre sagesse intérieure.

Respectons-nous

Soyons honnêtes avec nous-mêmes et ne faisons plus de compromis. Décidons d'être intègres et vrais.

À l'écoute de soi

L'intuition est le chemin le plus sûr pour connaître notre vérité intérieure. C'est en vivant dans le moment présent que nous accédons à notre conscience.

Sentir le flux

« Fais toute chose parce que tu sais intérieurement que c'est juste pour toi et que seul le meilleur en sortira. »

Eileen Caddy

Témoignage

« Ma vie semblait bien réglée jusqu'au jour où je me suis retrouvée au chômage. Là, j'ai été confrontée à toutes sortes d'obstacles difficilement surmontables. J'occupais alors un poste de chef de produit dans un groupe du secteur alimentaire. Les effectifs ont été divisés par deux après le rachat par un groupe encore plus important. Je pensais retrouver facilement un emploi mais cela n'a pas été le cas. J'ai cherché dans un autre domaine, mais j'ai été obligée de constater que les places étaient encore plus rares. Je ne savais plus quoi faire. J'ai eu une période de flottement. Je me sentais ballottée par les événements et ma vie avait perdu son sens. Je ressentais comme un vide. C'était fort déstabilisant. Moi qui étais si vive et entreprenante. Là, j'étais perdue. J'ai rencontré une conseillère du pôle emploi qui a, fort heureusement, compris ce qui m'arrivait. Elle m'a suggéré de faire un bilan de compétences, ce que j'ai fait. J'ai été reçue par une psychologue très compréhensive. Comme je n'avais plus d'idées sur ce que je pouvais faire, j'ai fait des tests de personnalité. Cette première approche a mis en avant mon goût pour la nature. C'est vrai que, dès que je le peux, je m'évade à la campagne pour m'aérer. La ville est trop stressante pour moi. Les résultats ont révélé que je souhaitais être utile aux autres. Avec la psychologue, nous avons cherché les secteurs et les postes qui pouvaient correspondre. J'avais des rendez-vous chaque semaine avec

elle et nous réfléchissions chacune de notre côté. En confrontant nos idées, j'ai pu avancer et clarifier ce qui m'intéressait. Au bout d'un mois, mon projet se précisait : j'avais très envie de travailler pour les jardins d'insertion dans un poste de chef de projet. Il fallait simplement que je suive une formation à dimension sociale, ce que j'ai fait. Une fois le domaine et le poste définis, les événements se sont enchaînés très vite. J'ai trouvé facilement une formation. Ayant été licenciée, je bénéficiais d'une aide ce qui m'a permis de me former sur six mois, sans rien débourser tout en percevant mes indemnités de chômage. J'ai commencé à chercher un poste, au milieu de ma formation. Je m'en félicite car j'ai pu démarrer mon poste actuel, immédiatement après ma formation. Je n'ai eu aucun temps mort. Tout s'est enchaîné naturellement. C'est comme si tout se débloquait parce que je faisais quelque chose qui me correspondait. Il n'y avait donc aucune raison que ça ne marche pas ! Je me sentais bien, confiante. J'avais la certitude que j'allais trouver un emploi en concordance avec mes aspirations. Aujourd'hui, j'occupe toujours ce même poste et j'en suis ravie. Je me sens exactement à ma place. Ce métier est fait pour moi ! »

Nathalie, 38 ans

Un peu de théorie

Cultivons le sens du possible

Comme Nathalie, ne soyons pas bloqués par des idées arrêtées. Nathalie ne s'est jamais dit qu'elle ne trouverait jamais d'emploi, elle a persévéré pour enfin découvrir le poste qui lui convenait. En lâchant prise sur des opinions erronées ou des a priori (comme « je n'y arriverai jamais », « je suis trop âgé », « je ne suis pas assez qualifié », etc.), nous permettons aux situations de se dénouer. Les événements peuvent ainsi se produire.

Une confiance inébranlable

Lorsque nous sommes confiants, tout s'enchaîne facilement. Même si cela n'est pas toujours facile, lorsque nous sommes confrontés à un problème par exemple, restons optimistes et cherchons toujours à trouver une solution à ce qui arrive. Cette démarche permettra effectivement que les choses s'améliorent.

Surveillons notre humeur

Les signes de mauvaise humeur nous avertissent que quelque chose ne va pas. Prêtons attention à ce mouvement pour pouvoir nous en libérer. Soyons de « bonne » humeur car cet état d'esprit ne peut nous apporter que de bonnes choses. N'est-il pas plus agréable d'être gai plutôt que triste ? Alors décidons de l'être le plus souvent possible.

Soyons dans le flux

Lorsque nous lisons un livre qui nous passionne, nous n'avons plus la notion du temps, tellement nous sommes absorbés par notre lecture. C'est que nous sommes dans un état de flux. De même, lorsque nous faisons l'action juste, celle qui est en accord avec soi et ce qui nous entoure, nous le savons et nous la vivons de manière intense. Nous ne pensons plus à nous-mêmes tellement nous sommes absorbés par notre tâche. Nous ressentons du plaisir tout en donnant le meilleur de nous-mêmes. Le psychologue Mihaly Csikszentmihalyi (1) parle de *« l'expérience optimale »*.

De la concentration

Être dans le flux signifie prêter attention à ce que nous faisons tout en restant sur le chemin fixé, à savoir celui qui mène à la réalisation de nos objectifs. Nous devons veiller à rester sur la bonne voie.

Ne nous opposons pas

Ne résistons pas aux événements qui surviennent mais apprenons à composer avec eux. Ainsi, Nathalie a d'abord recherché un poste similaire puis elle a fait un bilan de compétences. Elle n'a pas tenté de s'opposer à son licenciement. Elle ne s'est pas non plus entêtée à trouver le même emploi. Elle a accepté que les choses changent et elle a cherché d'autres solutions. Lorsque nous essayons de nous adapter, les choses sont plus simples. Il faut avoir l'humilité de reconnaître que parfois nous ne maîtrisons pas tout. Soyons curieux de voir comment nous comporter pour résoudre un problème plutôt que de le refuser.

Soyons ouverts sur l'extérieur

Il ne sert à rien de ruminer et de se lamenter lorsque les choses ne vont pas comme nous le souhaitons. Examinons ce que le contexte peut nous proposer. Nathalie ne peut plus être chef de produit. Elle ne passe pas ses journées à le déplorer. Elle agit. Elle regarde à l'extérieur ce qui existe en concordance avec ce qu'elle sait faire et ce qui lui plaît. En étant ouverts sur l'extérieur, nous avons la possibilité de saisir des opportunités et nous pouvons sentir que nous appartenons à un monde plus vaste.

Le sens du mouvement

La vie évolue sans cesse. Rien n'est statique. Nous pouvons nous en apercevoir chaque jour, dans notre quotidien. Sentir ce courant signifie que nous sommes libérés de nos vues étroites et de nos certitudes. Nous sommes prêts à saisir ce qui se présente comme nous sommes capables de comprendre une situation ou encore de trouver comment résoudre un problème. Nous vivons avec davantage de spontanéité et de confiance. Nous allons dans le sens de la vie.

(1) Mihaly Csikszentmihalyi, *Vivre. La psychologie du bonheur*, Éditions Robert Laffont, 2004.

À RETENIR

Trouvons la rivière

Nous pouvons tous vivre dans le flux. Pour cela, nous devons choisir de vivre de façon authentique. Il suffit de réaliser notre potentiel tout en nous sentant utiles.

La vie à l'envers

Ce n'est pas en ayant davantage de biens matériels ou d'argent que nous serons plus heureux. La démarche est inverse : nous devons d'abord être ce que nous sommes, faire ce que nous devons et ensuite avoir ce que nous voulons.

Observons le problème

Ce n'est pas en se laissant dominer par les événements que nous irons mieux. Nous devons au contraire saisir ce qui nous arrive et chercher une solution.

Cultivons la sécurité

Soyons sereins quoiqu'il arrive. Soyons certains de venir à bout de tous nos soucis. C'est en adoptant une attitude confiante que nous surmonterons tous les obstacles.

Aimer davantage

« La haine excite toutes les querelles, l'amour couvre toutes les fautes. »

La Bible

Témoignage

« La vie nous offre de nombreuses occasions de nous plaindre ou de nous réjouir. En ce qui me concerne, j'ai choisi la deuxième option. Je me suis rendu compte que positiver rendait la vie plus facile et permettait d'être de bonne humeur. Mais je dois surveiller mon attitude. Parfois, mes anciennes habitudes veulent revenir. Il faut que je sois vigilante. Je travaille dans une compagnie d'assurances et les ragots ou les médisances font souvent le tour des bureaux. Avant, je participais activement à toutes ces conversations nocives mais aujourd'hui je les évite. J'ai compris que ça ne m'apportait rien, bien au contraire. Je l'ai réalisé petit à petit, en prenant conscience d'une sorte de malaise que j'avais après ces discussions malsaines. Je ne veux plus être comme ça. C'est un comportement que j'ai définitivement abandonné. Même quand une amie essaie de m'amener à critiquer sa voisine ou je ne sais qui, je refuse. Je lui dis simplement : "Arrête. Tu te fais du mal à médire ainsi." Et je passe à un autre sujet. J'essaie de vivre le plus agréablement possible. Peut-être parce que je commence à vieillir. Je m'aperçois que la vie est courte et qu'il faut la respecter. Je veux pouvoir rire chaque jour. Les occasions ne manquent pas, heureusement. Je suis très entourée et les gens que je côtoie sont d'un naturel plutôt gai. Et puis, je crois que cela fait partie de mon tempérament, j'aime l'humour

et je me réjouis assez facilement de petites choses. Par exemple, lorsque j'entends le chant d'un merle, j'arrête toute activité pour l'écouter de toutes mes oreilles. C'est tellement beau ! J'en ai presque les larmes aux yeux. Mes enfants sont indépendants et, lorsqu'ils viennent dîner, je m'efforce de leur faire plaisir. Je prends le temps de confectionner un gâteau la veille, parce que c'est toujours meilleur le lendemain. Comme je travaille, je suis obligée de m'organiser : je programme mon menu, mes achats et le temps de préparation pour être certaine de leur faire quelque chose de bon. J'aime cuisiner et je m'applique. Il m'arrive, bien sûr, d'avoir des petites contrariétés, comme tout le monde, mais je m'efforce de relativiser. Chaque souci peut être surmonté. C'est à chacun de lui donner la dimension qu'il souhaite. S'il veut se gâcher la vie, son problème va devenir un drame. S'il veut jouir de la vie, son tracas va être considéré comme il le mérite et vite réglé. Moi, je ne veux pas me laisser envahir par la tristesse ou la mauvaise humeur. C'est une règle de vie. »

Sylvie, 52 ans

Un peu de théorie

Apprécions chaque journée

Sachons goûter aux joies de la vie. Nous pouvons apprécier, comme Sylvie, le chant d'un oiseau. Nous pouvons nous livrer à une activité que nous aimons. Nous pouvons consacrer du temps aux personnes que nous estimons. Tout ce qui se présente à nous est susceptible de nous procurer des instants de bonheur. Le matin, si nous sommes réveillés par un rayon de soleil, n'est-ce pas délicieux ? Nous devons prendre la joyeuse habitude de saisir toutes les opportunités de bonheur. Le bonheur s'entretient et se provoque. C'est une attitude de vie. Essayons de démarrer la journée du bon pied et tenons-nous prêts à l'accueillir.

Cultivons la bonté

Essayons d'être aimables et aimants. Retrouvons la bonté qui est en nous. Soyons bienveillants et développons l'empathie. Cette attitude de cœur nous emplit de bien-être. La bonté fait partie de notre nature profonde. Il suffit juste de l'activer. Adoptons une attitude de bienveillance en décidant de ne plus porter de jugement sur les autres. Nous n'en prenons pas toujours conscience, mais juger autrui ne nous apporte rien de positif. Cela ne peut que nous culpabiliser et nous encombrer. De quel droit pouvons-nous juger les autres ? À chacun de mener sa vie comme il l'entend.

Arrêtons de détester telle personne ou de médire sur telle autre. Abandonnons toutes ces attitudes pesantes. De même, lorsque quelqu'un s'apprête à critiquer une de nos connaissances, essayons d'arrêter ses propos. Sommes-nous satisfaits lorsque nous alimentons des conversations malveillantes ? Non. Cela nous déplaît parce que toutes ces énergies négatives sont nuisibles.

Prenons du plaisir

Ne cherchons pas systématiquement une activité ou quelque chose qui nous procurerait de la joie. Contentons-nous de savourer ce qui se présente. C'est en agissant de cette façon que nous activerons la sensation de plaisir. Le plaisir s'expérimente et se ressent. Il sera alors plus aisé de le développer par la suite. Nous saurons saisir et provoquer ce qui nous met en joie.

Aimons-nous

Pour lâcher prise, il est nécessaire de nous faire confiance. Cela implique que nous ayons une certaine estime de nous-mêmes. Nous pouvons tous vivre la vie qui nous correspond. Nous devons juste nous autoriser à vivre selon nos aspirations et nous aimer suffisamment pour prendre les risques nécessaires.

Aimons les autres

Lorsque nous parvenons à nous aimer, il est alors plus aisé d'aimer autrui. Nous pouvons aimer nos amis, nos parents, nos enfants, etc. Nous pouvons nous montrer bienveillants avec nos voisins, nos collègues et toutes les personnes que nous croisons sur notre route. Adoptons une attitude ouverte et sereine envers les autres et nous nous sentirons très riches. Cela facilite les relations de qualité. N'est-il pas délicieux d'aimer, de se sentir aimé et apprécié ?

Agissons avec notre cœur

Lorsque nous nous livrons à une activité, essayons de faire de notre mieux. Accomplissons-la avec notre cœur. Ainsi, Sylvie, avant de recevoir ses enfants, va mettre beaucoup d'elle-même en préparant le dîner. Elle va s'investir pour prendre du plaisir mais aussi en donner. Lorsque nous agissons ainsi, notre tâche est, d'une part très prenante, et d'autre part, très agréable.

Visons la satisfaction

En prenant conscience de ce qui nous déplaît, nous pouvons y remédier. Comme l'affirme Guy Finley [(1)] : « *C'est seulement grâce à notre insatisfaction, que nous comprendrons qu'il n'existe, pour nous, qu'une seule voie.* » Ainsi, notre insatisfaction nous guide vers ce qui nous satisfait et vers ce qui nous sommes. En nous libérant de nos croyances, et de nos a priori, nous devenons de plus en plus satisfaits car plus proches de notre vérité intérieure.

Écoutons notre cœur

Pour vivre pleinement, écoutons ce que notre cœur souhaite. C'est lui qui sait ce qui nous convient. Comme l'indique Guy Finley [(1)] : « *La satisfaction que votre cœur désire vit déjà en vous et attend seulement que vous lui offriez la place qui lui revient de droit en vous souvenant de sa paix.* »

(1) Guy Finley, *Vivre et lâcher prise*, Les Éditions de L'Homme, 2005.

À RETENIR

Vivre au quotidien

Sachons nous émerveiller à chaque manifestation de la vie : le premier bourgeon du printemps, le chant d'un oiseau, le rire cristallin d'un nouveau-né... Le bonheur se cultive. Soyons prêts à l'accueillir dans notre vie. Soyons vigilants. Montrons-nous enjoués. Partons à la découverte du bonheur.

Soyons gentils

Montrons-nous aimables. Sourions. Soyons bons avec nous et avec les autres. Ne critiquons pas nos collègues, ni nos amis. Cela ne sert qu'à nous faire du tort.

Goûtons au plaisir

Chaque journée nous offre la possibilité de prendre du plaisir. Sachons le ressentir pleinement.

Sachons aimer

Prenons la décision de nous aimer. Faisons sauter tout ce qui nous en empêche. Prenons conscience de notre chance de connaître autant de personnes merveilleuses !

Faisons de notre mieux

Cette attitude nous permet d'être en accord avec nous-mêmes. Elle nous apporte de la satisfaction. Sachons écouter notre cœur et faire ce qu'il nous demande.

Un apprentissage tout au long de la vie

« Apprends à faire tranquillement ce qui doit être fait, sans te jeter dessus, et sans bruit ni fanfare. »

Eileen Caddy

Témoignage

« J'ai eu un déclic le jour où j'ai vraiment lâché prise. J'ai compris comment mon esprit fonctionnait. J'ai pris conscience des souffrances inutiles que je subissais et que j'imposais aux autres. J'avais la fâcheuse manie de contrôler mon entourage, mais je n'en avais pas vraiment conscience. Si je "surveillais" mon fils Julien, en lui demandant de me montrer ses devoirs, c'était pour l'aider. Lorsque je demandais à mon épouse, Magalie, si elle était allée au supermarché, c'était pour savoir si je devais le faire. Mais je ne me rendais pas compte que c'était pesant pour eux. Ils avaient l'impression d'être contrôlés. Je l'ai compris plus tard, à la suite d'une scène de ménage bien méritée. J'ai réalisé que je n'avais pas à m'immiscer ainsi dans leurs habitudes. Ils y arrivaient très bien sans moi. Il était inutile que je les interroge sans cesse. Il n'était pas nécessaire que je me mêle de tout, comme j'avais pris l'habitude de le faire. J'ai lâché prise. Je leur laisse dorénavant tout leur pouvoir. Ils décident sans mon "précieux" avis. Je les laisse vivre, en un mot. Du coup, nos relations se sont améliorées et je ne ressens plus le stress que je m'infligeais. Je ne me rendais même pas compte que je m'imposais cette obligation. Je vérifiais tout ! Cela a été une première étape. Mais c'était loin d'être suffisant. Je me suis aperçu que j'avais beaucoup de

choses à modifier dans mon comportement. En effet, ce que je faisais à la maison, je le faisais aussi au bureau et même en faisant mes courses ! Progressivement, je me suis libéré de tout ce qui provoquait de la pression. Par exemple, j'avais des a priori sur certaines personnes. Je ne les voyais pas telles qu'elles étaient réellement. J'avais aussi des croyances stupides quant à mon rôle d'homme. Je m'empêchais de pleurer. Aujourd'hui, je respecte mes émotions et je m'autorise à les montrer. Mais je sais que j'ai encore beaucoup à apprendre. Je n'ai pas fini de me découvrir. Ça n'est pas de tout repos. Cela me demande énormément de vigilance et de volonté. Mais je veux vivre de façon intègre et essayer de ne pas gâcher mon existence. Je veux faire la chose juste, celle qui me correspond. J'avance sans filet. C'est à la fois excitant et terrifiant. Je m'efforce de vivre dans l'instant et de faire chaque jour ce que je dois faire. Je suis devenu beaucoup plus humble. J'ai grandi. J'ai davantage d'empathie aussi. Je sais que je progresse, même si mon évolution n'est pas spectaculaire. Je me sens de mieux en mieux, de plus en plus entier. »

Marc, 40 ans

Un peu de théorie

Intégrons le lâcher-prise progressivement

Au fil des années, nous avons construit notre personnalité. Mais nous avons aussi adopté, plus ou moins consciemment, des principes et des croyances qui nous desservent. Nous ne pouvons pas nous défaire du jour au lendemain de tout ce conditionnement issu de nos parents, de l'école et, d'une façon plus générale, de la société. Nous avons mis des années à être ce que nous sommes. Nous ne pouvons pas ôter le superflu d'un seul coup. Lâcher prise requiert du temps car c'est un processus qui se vit, s'expérimente et s'apprend. C'est au fur et à mesure que nous nous défaisons de nos croyances encombrantes, que nous prenons de plus en plus conscience de qui nous sommes réellement. Mais il faut lever chaque voile, un à un.

Combien de temps pour lâcher prise ?

La première expérience de lâcher-prise permet de saisir comment il opère. Mais, ce n'est qu'un début. Pour devenir vraiment entiers, il faut se délivrer de tout ce qui n'est pas indispensable. Nous devons nous débarrasser de nos conditionnements et cesser de nous identifier à l'ego. Cela demande du temps. Les épreuves ou les occasions de lâcher-prise se succéderont tant que nous serons insatisfaits.

Expérimentons sans cesse

Le lâcher-prise est un processus. À chaque fausse inquiétude, nous devons essayer de ne pas faire réagir notre ego. Efforçons-nous de prendre le recul nécessaire pour saisir la situation et lâcher prise. Essayons d'acquérir de nouveaux réflexes. Même s'ils semblent difficiles au début, plus nous les mettrons en pratique, plus ils nous paraîtront simples. Nous découvrirons alors que cela est possible et nous nous approcherons de plus en plus de qui nous sommes.

Surveillons nos réactions

Nos réactions sont souvent automatiques. Nous ne réfléchissons pas et, par exemple, nous nous mettons en colère. Nous devons nous libérer de nos réactions mécaniques. Pour cela, décidons de ne plus nous laisser guider par elles. Réagir conduit toujours dans une même direction, à savoir une impasse. Les réactions masquent et ne révèlent rien. Nous devons donc ne pas réagir, mais être conscients. C'est la tâche la plus difficile à effectuer. Ensuite, nous devons prendre du recul et observer. C'est ainsi que nous apprenons ce qui se passe en nous. *« Apprendre signifie découvrir »* indique Guy Finley [1].

Une vigilance bienveillante

Plus nous avançons sur le chemin du lâcher-prise, plus nous prenons conscience rapidement d'une émotion. Par exemple, nous avons un accès de colère en nous trouvant dans un embouteillage. Nous pouvons aisément modifier notre pensée à l'origine de cette mauvaise humeur. Le plus simple pour nous en débarrasser est d'en rire. Moquons-nous gentiment de nous-mêmes. Ne laissons plus les pensées maussades envahir le reste de notre journée.

Un processus d'évolution

« *Plus nous évoluons intérieurement, plus notre vie devient facile* » nous dit Guy Finley [2], cet expert en lâcher-prise. En nous détachant, nous nous ouvrons à notre spiritualité. Les barrières disparaissent. L'auteur nous suggère de pratiquer le plus souvent possible le « détachement de soi ». Nous devons ne pas faiblir et tenir bon : c'est la seule façon de nous transformer et d'avancer dans la découverte de soi.

Sur le chemin d'une nouvelle vie

En adoptant le lâcher-prise, nous osons nous aventurer vers l'inconnu. Nous abandonnons nos vieux réflexes et nos anciennes croyances. Nous cessons de nous laisser dominer par notre ego, qui ne nous apportait que souffrances et angoisses. Nous découvrons ainsi notre véritable nature, à savoir notre être essentiel. Nous sommes à présent capables d'apprécier pleinement, par exemple, la beauté de la nature environnante. Nous accédons à davantage de tranquillité et de sérénité. Nous sommes en mesure de veiller sur nos émotions et de ne pas nous laisser envahir par les pensées négatives. La vie qui s'ouvre à nous est, de ce fait, beaucoup plus joyeuse.

(1) Guy Finley, *Les Clés du lâcher-prise, libérez-vous des liens qui vous retiennent*, Les Éditions de L'Homme, 2003.
(2) Guy Finley, *Lâcher prise, la clé de la transformation intérieure*, Le Jour, 1993.

À RETENIR

Domptons notre ego

Soyons forts et volontaires : ne laissons plus notre ego mener la danse. Mais notre ego voudra sans cesse revenir sur le devant de la scène. Décidons de ne plus nous identifier à lui.

Une vigilance quotidienne

Lâcher prise requiert d'être présent. Cela exige, chaque jour, de l'attention et de la persévérance.

Apprenons à lâcher prise

Le lâcher-prise est un processus qui s'applique quand cela est nécessaire. C'est un chemin qui s'effectue en plusieurs étapes.

Soyons conscients de nos réactions

La prise de conscience est essentielle. Sans conscience le lâcher-prise est impossible. C'est grâce à la conscience que nous pouvons nous apercevoir de nos réactions pour les modifier.

La réaction : une voie à sens unique

La réaction ne nous conduit qu'à un seul endroit : la peur et la colère. C'est une impasse. Si nous choisissons de ne pas la suivre, nous demeurons ouverts.

Un chemin spirituel

Le lâcher-prise mène à soi. C'est grâce à cette pratique que nous pouvons découvrir notre être essentiel, qui est spirituel.

Êtes-vous ouvert à l'inconnu ?

1) Dans votre restaurant préféré, vous choisissez plutôt :
A. Toujours le même plat.
B. Un plat que vous connaissez déjà.
C. Le plat du jour, même si vous ne le connaissez pas.

2) On vous propose d'aller au Bhoutan…
C. Vous y allez les yeux fermés. Vive l'aventure !
A. Vous refusez. Avec tout ce qu'on entend à la télé !
B. Vous vous renseignez sur le pays avant.

3) En voyage, on vous propose de goûter un aliment bizarre :
B. Vous demandez à votre ami de goûter en premier.
A. Ça a l'air dégoûtant !
C. Vous goûtez du bout des lèvres. On ne sait jamais !

4) Vous êtes à une soirée où vous ne connaissez presque personne :
C. Cela ne vous empêche pas de mettre l'ambiance !
A. Vous faites tapisserie.
B. Vous vous liez facilement à des convives.

5) Un nouveau collègue a commencé au travail. Vous :
A. L'observez d'abord pour évaluer ses compétences.
B. Vous présentez brièvement pour établir le contact.
A. L'emmenez faire le tour de la boîte.

6) Côté musique, vous écoutez plutôt :
A. La même musique depuis votre adolescence.
C. Des groupes underground.
B. La radio : RFM, RTL2, Chérie FM, Nostalgie…

7) Et côté sexe, quelle est votre attitude ?
C. Vous essayez d'être inventif.
A. Vous savez ce qui vous plaît. Pourquoi changer ?
B. Vous aimez essayer de nouvelles choses.

8) Un collègue propose une nouvelle procédure, plus rapide :
A. Vous refusez : l'ancienne a fait ses preuves !
B. Vous attendez les tests avant de vous prononcer.
C. Enfin ! Vous n'en pouviez plus de l'ancienne !

9) Vous devez dormir dans un gîte, qui fait table d'hôtes :
C. Tant mieux ! On y rencontre souvent des gens sympas.
A. Vous mangez ailleurs, tranquille avec votre ami.
B. Vous vous asseyez à la seule table pour deux.

10) Si vous partez seul en voyage, c'est pour :
B. Vous vider la tête, visiter des pays inconnus.
A. Rester seul, réfléchir, méditer.
C. Rencontrer du monde. On est jamais seul en voyage !

11) Votre entreprise vous propose une formation en PNL :
C. Super, vous avez hâte de découvrir ce que c'est.
A. La PNL ? Ce truc New Age ? Non merci.
B. Pourquoi pas ? Ça change du boulot !

12) Pour vous, la méfiance :
A. C'est indispensable dans le monde d'aujourd'hui.
B. C'est nécessaire pour ne pas se faire avoir.
C. C'est malheureusement la règle aujourd'hui.

Vivre dans le lâcher-prise au quotidien

« La vie est trop courte pour être petite. »

Benjamin Disraeli

Témoignage

« J'essaie de vivre chaque jour dans le présent. Bien sûr, je dois régler certaines choses et donc il m'arrive de me sentir moins consciente d'être là, dans l'instant. Mais je m'y emploie. Je veille surtout à ne pas me laisser envahir par des pensées nuisibles. Je sais désormais qu'elles n'ont aucune utilité si ce n'est celle de m'ennuyer. J'arrive maintenant à les dépister à temps et à les empêcher de prendre trop de place. Mais c'est un travail quotidien. Je dois être très vigilante. Rien n'est jamais acquis. Je recommence jour après jour. Je dois quand même reconnaître que j'ai moins d'efforts à fournir qu'au début. C'est comme un muscle que je remets en route. Pour m'aider à rester zen, j'ai établi une certaine discipline. J'ai mis en place une sorte de rituel que je m'applique à effectuer chaque matin. C'est un peu comme si je faisais mes gammes. Par exemple, je pratique quelques exercices corporels. C'est une gymnastique douce que j'ai élaborée spécialement pour moi. Ces mouvements me conviennent parfaitement : ils me détendent et m'assouplissent. Je les effectue pendant une quinzaine de minutes pour me mettre en forme. Ensuite, je fais ce que j'appelle ma relaxation. Je suis assise, je ferme les yeux et j'écoute une musique qui facilite l'état méditatif. Je m'efforce de ne pas penser. J'essaie de faire corps en quelque sorte avec la musique. J'essaie de demeurer ainsi, assise et détendue, au moins dix minutes voire davantage. Ensuite, je peux

commencer ma journée de femme active. J'ai consacré suffisamment de temps pour être avec moi. Cela me met toujours de bonne humeur. J'ai l'impression d'être beaucoup plus efficace lorsque je prends le temps d'exécuter ce rituel. Parce que je me suis occupée de moi, je peux être ensuite disponible pour les autres. Se faire du bien permet de faire du bien aux autres. Je me sens également ouverte et prête à recevoir n'importe quel imprévu. J'établis un programme pour mes journées. Je fais des listes. Mon agenda est rempli de choses à faire, de rendez-vous à prendre, de gens à contacter. Cela me facilite la vie. Je règle les affaires au fur et à mesure. Quand j'ai terminé une action, avant de passer à une autre, je me concentre et je réfléchis à la façon dont je souhaite que les choses se déroulent. Par exemple, si je dois prospecter pour mon travail, j'étudie ce que je veux obtenir. Je suis alors obligée de prendre en considération le discours que je dois tenir pour y arriver. Je m'aperçois souvent qu'il n'est pas assez pertinent et je suis obligée de le corriger. Cela me permet d'être très efficace lorsque j'agis. Et je dois reconnaître que grâce à cette anticipation, les choses se passent très souvent comme je le souhaite. »

Colette, 46 ans

Un peu de théorie

Gardons le cap

Pour vivre dans le lâcher-prise au quotidien, nous devons nous efforcer d'être dans le moment présent. Cela nous demande beaucoup d'attention mais c'est la condition pour y parvenir. Comme Colette, nous pouvons appliquer la méthode de l'intention et nous poser la question suivante avant chaque action : « Comment est-ce que je souhaite que les choses se passent ? Qu'est-ce que je veux obtenir ? ». En anticipant de cette façon, nous nous impliquons davantage et nous sommes au clair avec ce que nous voulons.

Une attitude de vie

Être dans le lâcher-prise découle d'une volonté de vivre pleinement. C'est être avec soi et avec les autres, de façon entière. C'est choisir de découvrir ce que la vie nous offre. C'est s'ouvrir sur le monde et c'est avancer sur le chemin de la connaissance de soi.

Soyons présents

Ayons le courage de ne plus être le jouet de nos pensées, de nos émotions ou de nos souffrances. Cessons de nous identifier à elles pour prendre conscience de notre propre existence. Il est plus confortable de demeurer dans un état connu et donc de rester attachés à ce qui nous rend malheureux. Choisir de vivre en pleine conscience est donc un acte courageux. C'est une option incontournable si nous souhaitons mener la vie qui nous correspond.

Développons nos réflexes

Lorsqu'une pensée négative survient, adoptons la stratégie adéquate : respirons jusqu'à sentir à nouveau notre présence intérieure. La pensée pourra alors s'en aller plus facilement.

Cultivons le détachement

Prenons du recul sur les événements afin de relativiser. Lorsqu'une chose peu agréable survient, prenons un instant pour nous interroger : « Qu'est-ce qui est essentiel pour moi ? ». Cela nous permet d'être détachés et de renouer avec soi.

Faisons confiance aux autres

Attribuons notre confiance à ceux qui nous entourent ou que nous côtoyons. En adoptant cette attitude, nos relations seront simples et ouvertes.

Ayons confiance en la vie

Lorsque nous poursuivons notre route en toute sérénité et avec confiance, les choses se passent généralement assez bien. Bien sûr nous ne sommes pas à l'abri d'événements malheureux ou de contretemps fâcheux. Mais il ne sert à rien de céder à la peur ou à toute autre émotion pesante. Nous ne pouvons pas faire autre chose qu'accepter ce qui arrive. Il faut donc réussir à nous faire confiance quoiqu'il arrive : nous surmonterons les obstacles et les peines. Lorsqu'une situation se présente à nous, c'est que nous sommes en mesure d'y faire face.

Ouvrons notre cœur

Osons chercher ce qui nous rend heureux. Ouvrons notre cœur, retrouvons notre âme d'enfant et cédons à la joie de faire des choses moins sérieuses. Prenons la résolution de rire au moins une fois par jour. Consacrons une après-midi par semaine à nous livrer à une activité que nous aimons. Pour ouvrir notre cœur, nous devons expérimenter les choses et donc les vivre nous-mêmes. Recherchons ce qui nous amuse. Par exemple, si nous adorons danser au son des djembés, faisons-le. Il existe toutes sortes d'activités susceptibles de nous faire du bien et qui sont gratuites (marcher, chanter, arpenter les rayons jouets ou travaux manuels, etc.). Pourquoi nous en priver ?

Dépassons nos limites

Écouter son cœur cela signifie aussi faire ce que nous désirons le plus. Le plus souvent, nous n'osons pas parce que nous avons peur de nous lancer. Que risquons-nous pourtant, si ce n'est de réaliser un souhait qui nous comble ? Ayons l'esprit d'aventure et jetons-nous dans l'inconnu. La satisfaction sera au rendez-vous.

Nous fondre avec le réel

Lorsque nous sommes dans le moment présent, c'est comme si nous faisions corps avec notre environnement. Nous avons conscience d'une dimension plus vaste dont nous faisons partie.

À RETENIR

Soyons vigilants

Le lâcher-prise s'apprend et s'entretient. Chaque jour est nouveau et nous devons recommencer à exercer notre attention.

Des attitudes salvatrices

Lorsqu'une pensée pénible tente de nous accaparer, dépistons-la avant qu'elle ne prenne trop de place. En cas, d'échec, retrouvons le calme intérieur en respirant profondément jusqu'à sentir notre présence.

Une règle d'or : la confiance

Cultivons la confiance car c'est la clé pour surmonter tous les obstacles et entretenir d'excellentes relations.

Renouons avec notre âme d'enfant

En adoptant l'attitude que nous avions étant enfant, c'est le moyen le plus sûr pour trouver ce que nous aimons.

Apprenons à relativiser

Lorsque nous sommes détachés, nous savons ce qui important et ce qui ne l'est pas.

Être présent à soi-même

« Cherche la réponse en ce même lieu d'où t'est venue la question. »

Rumi

Témoignage

« Je menais une vie parisienne assez mouvementée. J'ai été contraint de ralentir le rythme. Une maladie m'a obligé à me calmer. J'ai gardé la chambre pendant un mois. Au début, je fulminais. Puis, j'ai pris conscience que mon agacement était ridicule. Cela ne changerait rien à la situation. J'étais cloué au lit donc autant l'accepter. Je passais les journées seul. L'appréhension a cédé la place au calme. Au bout de quatre jours, j'ai même pris du plaisir à être avec moi. Je n'étais pas du tout habitué à la solitude. J'en avais peur. C'est pourquoi j'étais autant hyperactif avant la maladie. J'ai repris goût à la lecture, à la réflexion. J'ai observé le jardin que je voyais de ma fenêtre. Il m'arrivait d'être très absorbé par cette "activité". Je regardais simplement une fleur ou les allées et venues d'un couple de mésanges. Je me suis rendu compte que cela me faisait du bien. Jamais je n'ai éprouvé d'ennui. Quand j'ai repris la vie active, je n'avais aucun empressement à me remettre au travail. Au contraire, l'envie de prolonger ce congé avec moi-même me titillait. C'est pourquoi j'ai décidé de m'aménager des plages horaires quotidiennes pour retrouver ce bien-être intérieur. J'en avais désormais besoin pour mon équilibre. Aussi, depuis la maladie, je m'accorde chaque jour des pauses de dix à quinze minutes pour me ressourcer. Après le déjeuner, j'essaie de marcher seul. Lorsque les collègues me demandent ce que

je vais faire, je prétexte une course. Parfois, je m'accorde trente minutes dans un square ou dans un parc. J'observe les plantes, les arbres. Je respire le parfum des fleurs. Je regarde la vie des insectes. Je m'installe sur un banc et j'écoute les sons. J'essaie d'utiliser tous mes sens pour me sentir vivant. Et ça marche ! Quand je suis de retour au travail, je me sens heureux parce que j'ai consacré du temps à être avec moi. Je ne me contente pas de faire cela uniquement à l'heure du déjeuner. Dès que j'en ressens le besoin, je programme un moment pour me recentrer. Par exemple, lorsque j'ai eu une semaine un peu difficile, je me lève tôt le samedi pour me rendre dans un bois. Je passe alors une heure ou deux à marcher et à observer la nature. Un exercice que je trouve très efficace pour renouer avec moi-même est de chercher une pierre ou un caillou très spécial. J'entends par spécial un objet qui entre en résonance avec moi, un objet qui m'interpelle tout particulièrement. C'est un peu comme si je le connaissais. L'effet est très jubilatoire. »

Antoine, 45 ans

Un peu de théorie

Respirons pour nous centrer

Être présent à soi-même commence par le corps. La respiration nous y aide. Encore faut-il en prendre conscience. En effet, nous respirons sans y prêter attention. Cela nous est complètement naturel. Nous ne réalisons pas à quel point cette fonction est vitale pour nous car si nous arrêtons de respirer, nous mourons. Gagnés par le stress, nous sommes nombreux à avoir une respiration rapide, trop courte. Son rythme est alors irrégulier. Il reflète ce que nous vivons. Il est important de pouvoir prendre le temps de souffler, d'écouter sa propre respiration, pour renouer avec la profondeur de son être.

La respiration témoigne de notre état émotionnel

« La respiration est le baromètre de notre état intérieur » nous dit la sophrologue et auteur Michèle Freud [1]. Ainsi, lorsque nous sommes anxieux, notre respiration s'accélère. Lorsque nous n'obtenons pas ce que nous désirons, nous soupirons. Mais nous pouvons, par le biais de notre respiration, influer sur notre condition émotionnelle. Ainsi, en prenant une longue inspiration pour gonfler nos poumons d'air et en expirant longuement, nous pouvons atteindre le calme intérieur. Il suffit simplement de répéter plusieurs fois cette opération.

Respirons en pleine conscience

Voici un exercice pour prendre conscience de sa respiration. En position allongée, fermons les yeux. Observons notre respiration. Effectuons ceci jusqu'à obtenir le calme en nous. Suivons le trajet de l'air. Il entre dans nos narines, il entre dans nos poumons, puis il repart vers nos narines. Observons les parties de notre corps qui bougent : nos narines qui se dilatent, notre cage thoracique qui se soulève. Au besoin, mettons nos mains sur notre abdomen pour sentir le mouvement. Maintenant expirons par la bouche le plus longtemps possible. Inspirons profondément par le nez, expirons lentement par la bouche. En répétant cet exercice plusieurs fois dans la journée, notre concentration va s'améliorer et nous ressentirons moins de stress. Nous pouvons aussi le pratiquer en position assise, mais il est plus facile, au début, de l'exécuter couché.

La rencontre avec soi

Prenons un moment pour nous isoler. Respirons profondément par le nez. Expirons lentement par le nez. Faisons-le une dizaine de fois. Puis respirons à nouveau profondément et retenons notre souffle quelques instants. Que se passe-t-il en nous ? (Évidemment ne retenons pas notre souffle trop longtemps.)

Notre ressenti corporel

En prêtant attention à notre ressenti corporel, nous prenons conscience de notre présence. Pour cela, détendons-nous, par le biais de la respiration par exemple.

Ensuite, amenons notre attention sur les différentes parties de notre corps. Commençons par les orteils et remontons progressivement jusqu'au haut de notre crâne. Pour chaque zone, essayons de ressentir ce qu'il s'y passe : est-elle tendue, relâchée, chaude, froide… Si elle est douloureuse, peut-elle nous indiquer ce qu'elle ressent ? Mettre un mot sur la douleur est souvent très révélateur de ce que nous vivons.

Prenons le temps

Être présent à soi-même requiert la volonté de s'isoler. Il faut prendre le temps nécessaire pour se retrouver. Nous sommes sans arrêt en train de courir et de nous agiter dans tous les sens. Mais ce n'est pas ainsi que nous pouvons vraiment nous connaître. Être avec soi nécessite de marquer une pause, rien que pour soi.

À quoi occupons-nous notre temps ?

Listons cinq activités que nous faisons chaque semaine. Pour chacune, indiquons combien de temps nous y consacrons. Lesquelles voulons-nous faire ? Lesquelles sommes-nous obligés de faire ? Combien de temps consacrons-nous à nous-mêmes ?

Des pensées qui ressourcent

Si la solitude nous effraie, la lecture de pensées profondes nous permet de méditer quotidiennement sur nous-mêmes et sur la vie. Elles nous rendent plus sereins et plus positifs.

(1) Michèle Freud, *Réconcilier l'âme et le corps, 40 exercices faciles de sophrologie*, Éditions Albin Michel, 2007.

À RETENIR

Les bienfaits de la respiration

La respiration est un outil puissant pour nous recentrer. Elle agit presque immédiatement. Si nous nous sentons oppressés, stressés ou encore si nous ressentons de la peur ou de l'angoisse, prenons une profonde inspiration et expirons lentement et longuement.

La présence grâce à la respiration

Lorsque nous inspirons, notre présence augmente. Nous nous ouvrons sur le monde. Lorsque nous expirons, le souffle apaisant nous dirige vers notre intériorité.

Le corps ne ment pas

Pour prendre conscience de soi, le corps est un instrument infaillible. Il nous indique ce qui se passe en nous.

Libérons nos émotions

En prêtant attention à notre ressenti corporel, nous pouvons prendre conscience d'une émotion. Par exemple, si nous avons des gencives douloureuses, peut-être ne « voulons-nous pas en démordre ». Il s'agit peut-être d'une colère refoulée. C'est en comprenant la présence de nos émotions que nous pouvons nous en libérer.

À l'écoute de notre ressenti

Lorsque nous dirigeons notre attention sur ce que notre corps ressent, notre mental se tait. C'est une condition nécessaire à l'expression de notre corps.

Écoutez-vous votre corps ?

1) Quand vous mangez au travail, vous :
A. Prenez le temps de faire une vraie pause.
B. Mangez sur le pouce entre deux tâches.
C. Mangez une salade préparée chez vous.

2) La plupart du temps, vous mangez :
C. À heures fixes, le plus souvent possible.
A. Quand vous avez faim.
B. Quand vous avez le temps de le faire.

3) Le soir, à quelle heure vous endormez-vous ?
B. Souvent devant la télé, tout habillé encore.
C. Jamais après minuit, c'est une règle.
A. Ça dépend de vos activités de la journée.

4) D'ailleurs, dormez-vous assez ?
C. 8 heures par nuit, le plus souvent !
A. En général oui.
B. Non, pas du tout !

5) Vous aviez promis de sortir ce soir mais vous êtes exténué :
A. Vous prenez une douche déjà, vous verrez après !
C. Vous avez promis ! Vous buvez 3 cafés serrés…
B. Vous y allez en vous traînant toute la soirée.

6) Quand vous êtes malade, vous avez tendance à :
C. Ignorer les symptômes jusqu'à être cloué au lit.
A. Vous reposer chez vous tranquillement.
B. Vous soigner en auto-médication.

7) Faire un régime draconien, pour vous, c'est :
B. Trop dur, ça demande trop de discipline.
A. Dangereux ! Trop de carences…
C. Utile, pour bien commencer un régime.

8) Devant un film émouvant, vous êtes du style à :
A. Pleurer si c'est vraiment triste.
C. Vous retenir de pleurer, par pudeur.
B. Écraser une larmichette en douce.

9) Vous ressentez un malaise quand on vous présente Untel :
C. Vous pensez que vous le connaissez peut-être déjà.
A. Vous vous dites qu'il dégage de mauvaises ondes.
B. Vous devez être fatigué et passez à autre chose.

10) On vous propose un dessert mais vous n'avez plus faim :
C. Vous refusez : vous suivez un régime sans sucres.
A. Vous refusez car vous n'avez vraiment plus faim.
B. Vous acceptez par politesse.

11) Avez-vous des insomnies ?
B. Cela vous arrive assez souvent malheureusement.
A. Parfois mais vous rattrapez vite le sommeil perdu.
C. Vous prenez des somnifères et le tour est joué !

12) Vous faites du sport :
A. Quand vous sentez qu'il y a du laisser aller.
B. En vacances ou le week-end seulement.
C. Trois fois par semaine, chaque semaine.

S'ouvrir, se relier

« La portion de félicité qui réside dans tout plaisir de la vie courante peut être une prise de conscience de son propre soi. »

Abhinavagupta

Témoignage

« Chaque année, je consacre un budget pour m'adonner à la danse africaine. Aussi, j'essaie d'aller régulièrement aux cours. Ils ont lieu le mardi soir. Pendant une heure trente, je ne pense plus à rien. Je danse. Je m'oublie. Ça me vide la tête. J'en ressors épuisée, mais heureuse. Je me sens incroyablement présente et vivante à la fin du cours. Même si mon corps est fatigué, ma tête est aérée. Cela a toujours un effet revigorant sur moi. Je suis contente de moi. Le samedi après-midi, j'essaie de m'occuper de moi. Je ne fais pas de projet précis. Je suis mes envies, mon instinct. Parfois, je reste chez moi pour me livrer à une activité artistique comme la peinture ou le piano. Je ne suis pas une experte dans ces disciplines, mais cela me délasse de peindre. Je me laisse aller. J'imagine un thème puis je l'exécute. Ensuite, je remplis la feuille en fonction de ce que je ressens. Il m'arrive de peindre ainsi pendant quatre heures d'affilée sans me rendre compte du temps qui passe. Je suis tellement absorbée. C'est vraiment une activité où je me sens profondément reliée. Je ne cherche pas à faire quelque chose de joli. Ce que je veux, c'est entrer dans cet état particulier où le dessin et moi ne faisons qu'un. C'est très stimulant et enthousiasmant. Quant au piano, je réapprends, seule. C'est un peu laborieux parce que je m'y suis remise depuis peu. Mais d'ici quelque temps, je pense que cela me sera agréable. Il faut juste que je parvienne à m'approprier

un morceau. Il m'arrive de ne pas avoir spécialement envie d'être active, mais j'éprouve tout de même le besoin de rester seule avec moi-même. Je me tiens, par exemple, sur mon balcon à regarder ce qui m'entoure. Il m'arrive d'écouter de la musique. Selon mon humeur, je choisis Mozart ou Janis Joplin ou encore de la musique de relaxation. Je me fie à mes envies du moment. Si le temps s'y prête, je vais marcher. J'ai la chance d'avoir deux grands parcs près de chez moi. J'ai l'habitude de marcher pendant une heure au minimum. Ça me met en forme. Au bout de vingt minutes de marche, j'ai oublié tous mes soucis, je suis à nouveau détendue. J'essaie de le faire seule. C'est important car c'est une condition pour moi pour me sentir en harmonie avec la nature. Si quelqu'un m'accompagne, nous parlons et je ne ressens pas du tout la même chose. J'ai besoin de communier en quelque sorte avec la nature. Je me fonds en elle. C'est une impression très agréable qui me permet de ressourcer entièrement. »

Anne, 38 ans

Un peu de théorie

Partir à l'aventure

Pour retrouver notre esprit enfantin, rien de tel que de partir à la découverte. Oui, mais à la découverte de quoi ? C'est à chacun de le trouver. Nous sommes tous différents et donc ce qui fait plaisir à l'un peut ennuyer l'autre. Si nous aimons les grands espaces, une plage au bord de la Manche peut faire l'affaire, si nous préférons les endroits un peu mystérieux, nous pouvons opter pour un château en ruine. Certains seront comblés dans une boutique d'animaux ou de perles en vrac. Partir à l'aventure, c'est adopter une attitude. Tenons-nous prêts, lorsque nous mettons le pied dehors, à découvrir quelque chose. Nous nous apercevrons que notre âme d'enfant est toujours intacte.

Écoutons de la musique

La musique influe sur notre état psychique et suscite des émotions. Certaines musiques agacent, d'autres nous mettent de bonne humeur ou encore nous bouleversent. La musique est d'ailleurs utilisée à des fins thérapeutiques (musicothérapie). La musique s'adresse à notre sensibilité et à notre mémoire. Elle touche à la fois notre corps et notre esprit. Elle est un médium très puissant pour nous relier à nous-mêmes. La musique permet l'harmonie intérieure. Trouvons celle qui nous correspond. Comme Anne, testons-les, au gré de nos humeurs ou de nos envies. Certains organismes étudient les fréquences vibratoires de la musique et leurs effets sur l'être humain. Ils éditent des musiques relaxantes correspondant à différents états de conscience (ondes Alpha et Thêta). Ces musiques apaisent et peuvent nous amener à des états de méditation. Cherchons la musique qui nous convient. Soyons curieux.

Cuisinons

Parfois, réaliser des tâches simples permet de nous sentir bien avec nous-mêmes. Ainsi, la cuisine peut apporter de nombreux bienfaits. Mais il faut en avoir envie et prendre du plaisir à la faire. Nous pouvons imaginer des recettes, incorporer des épices inédites, tester des plats exotiques, retrouver des saveurs enfantines, etc. L'objectif est de nous amuser tout en confectionnant quelque chose de bon pour nous et pour les autres. Au vu de la prolifération des blogs de cuisine sur Internet, nous sommes nombreux à redécouvrir ce plaisir.

Marchons

Lorsque l'esprit est bloqué, le corps le débloque. La marche a un effet libérateur sur l'esprit. Marcher dans la nature nous permet de nous recentrer, de nous sentir en harmonie avec l'environnement.

En plus, cela nous offre l'occasion de découvrir des paysages et donc de nous enrichir. Il est conseillé de marcher rapidement les quinze premières minutes, puis de ralentir le rythme ensuite. Cet exercice procure l'apaisement recherché et relie avec soi.

La danse

La danse nous permet d'exprimer nos émotions et nous libère de nos blocages. Elle nous fait prendre conscience de notre corps et nous recentre. Nous pouvons créer une chorégraphie ou juste effectuer des mouvements sur une musique qui nous stimule. Nous pouvons pratiquer la danse en groupe, ou seul. C'est à chacun de définir quelle danse lui correspond. Pour certains, l'envie de bouger va se produire à l'écoute du son des djembés, pour d'autres, c'est la musique latine qui va les ensorceler. Une fois encore, le choix de la discipline est une affaire personnelle.

L'art du mandala

Depuis des millénaires, le mandala est utilisé. Il fait l'objet de pratiques spirituelles. Sa forme est basée sur le cercle. Sa structure est parfaite. La forme du mandala est présente dans toutes les manifestations de la vie comme l'atome, le cristal ou encore les ondes sonores. En dessinant un mandala, nous exprimons la beauté et l'harmonie tout en rejoignant notre centre.

Une pratique pour nous recentrer

Nous relier à nous-mêmes est indispensable pour parvenir à lâcher prise. Des techniques simples existent. Le yoga, la méditation, les arts martiaux ou l'art thérapie apprennent à se recentrer. Pour ceux qui trouvent que la méditation est trop difficile, la sophrologie est susceptible de leur convenir. Comme toute pratique, il est conseillé d'être régulier pour sentir les bienfaits de la technique.

À RETENIR

Nous ouvrir

Partons à la découverte de ce qui nous entoure. C'est un état d'esprit à adopter. Il ouvre notre esprit et notre cœur.

Développons notre écoute

Devenons musicothérapeute et choisissons les musiques qui nous conviennent, pour nous relier, pour nous détendre ou tout simplement nous faire plaisir.

Sortons

Aérons-nous le plus possible. Sachons profiter de la beauté des paysages. Marchons rapidement pour nous sentir ouverts et reliés.

Des plaisirs simples

Sachons apprécier des moments comme celui de cuisiner. La cuisine permet de se faire et de faire plaisir.

Une pratique artistique

Trouvons une activité qui nous corresponde pour libérer notre créativité. Selon notre tempérament, nous opterons pour la danse, la peinture, la musique ou tout autre discipline qui nous fait du bien.

Recentrons-nous

Pour trouver notre centre, nous pouvons dessiner un mandala, méditer, faire du yoga ou simplement écouter de la musique multidimensionnelle.

Changer

« J'apprends aussi longtemps que je vis. »

Râmakrishna

Témoignage

« Il m'arrive plein de bonnes choses en ce moment, je sens que je traverse une période faste. Mais ça n'a pas toujours été le cas. J'ai beaucoup changé en dix ans. Je sais que j'ai progressé. Je me sens bien dans ma peau aujourd'hui. Pour y parvenir, j'ai vécu seul. Cela m'a permis de réfléchir, de faire le bilan, de voir ce que je pouvais changer pour aller mieux. Par exemple, j'ai longtemps eu tendance à faire confiance trop rapidement aux gens. Cela m'a valu beaucoup de déceptions. Je croyais que j'allais avoir le contrat du siècle par exemple ou que j'avais enfin rencontré la femme de ma vie ! Aujourd'hui, quand je fais la connaissance de quelqu'un, que ce soit dans le milieu professionnel ou simplement sur le plan amical, je fais attention. Je ne m'enthousiasme pas comme je le faisais auparavant. J'attends que les liens soient plus solides. Je prends le temps. J'ai eu de nombreuses déconvenues sentimentales. Pour moins souffrir, j'utilise le mind mapping. En écrivant, je peux ainsi structurer ma pensée. Après, je me sens mieux, parce que la situation s'est éclaircie. Je vois plus clair en moi. Je sais ce que je veux et ce dont j'ai besoin. Maintenant, j'utilise cette méthode même quand je vais bien. C'est très efficace pour élaborer un point de vue par exemple. J'utilise d'autres techniques très efficaces également, comme le collage. La première fois que je l'ai pratiqué, c'était pour trouver le métier de mes rêves. Je ne savais pas quelle profession exercer.

Les premiers collages m'ont bouleversé tellement je les trouvais beaux et en résonance avec ce que j'étais profondément. Mais, je n'ai pas compris tout de suite ce qu'ils me montraient. C'est un peu plus tard, que j'ai pris conscience de leur message : ils m'indiquaient de raconter des histoires. Aujourd'hui, je suis scénariste. C'est peut-être aussi pour cela que je me sers de méthodes en lien avec l'écriture. Lorsque je veux comprendre un problème, je fais des listes. C'est plus rapide que le mind mapping et je peux l'écrire sur une feuille de n'importe quel format. J'ai toujours un carnet sur moi qui me sert à noter ce genre de choses ou des idées de scénarios. J'ai beau me sentir super bien en ce moment, je sais que cette situation n'est pas définitive. Tout change tout le temps. J'apprends chaque jour. Je m'efforce de demeurer positif mais, parfois, je suis moins en forme et moins vigilant. Je me mets à râler, à trouver que tout va mal, je ne supporte plus les gens... J'ai encore du boulot si je veux devenir zen. Être positif est un travail quotidien. »

Michael, 37 ans

Un peu de théorie

Utilisons des phrases positives

Pour déconditionner notre esprit trop souvent pessimiste, appliquons la méthode des phrases positives. Il s'agit de transformer nos propos négatifs en tournures positives qui ne seront pas en contradiction avec ce que nous pensons intimement.

Écrivons

Pour dénouer un blocage ou pour clarifier une situation, écrivons ce que nous ressentons. Rédigeons ce qui nous pose problème. Le fait de l'écrire va débloquer des choses et nous permettre de trouver des solutions. L'écriture apporte une mise à distance. Nous nous impliquons moins dans l'événement. Écrire déclenche un processus de résolution.

Entraînons-nous à la visualisation

L'art de la visualisation libère les tensions et renforce la confiance. Essayons-la tout d'abord sur des événements à venir, simples. Par exemple, nous devons prendre la voiture pour nous rendre dans un quartier très encombré et nous redoutons de ne pas trouver de place pour nous garer. Respirons, détendons-nous et visualisons-nous : nous arrivons en voiture dans la rue. Nous roulons doucement. Nous apercevons un clignotant : une place se libère. Elle est pour nous. Pour que cela fonctionne, nous devons y croire (et ça marche !).

Lisons des contes

Les contes détiennent la sagesse. Ils ont traversé les âges, portés uniquement par la parole. Ils se sont transmis ainsi, ce qui montre qu'ils sont incroyablement vivants. Les contes renferment des vérités accessibles à tous : chacun y puise selon son besoin de connaissance. Les contes nous parlent de la vie, de l'être humain. Ils nous aident à franchir des étapes. Ils nous montrent le chemin pour devenir plus conscients et plus heureux.

L'art du collage

Prenons une pile de magazines. Déchirons trente pages qui nous plaisent. Ensuite, à l'aide de ciseaux, de feuilles blanches et de colle, réalisons un collage. Notre œuvre va nous révéler et nous faire découvrir des traits de notre personnalité. Le collage est très utile lors de périodes difficiles. Il apaise, recentre et délivre des messages facilitant notre évolution. Nous pouvons choisir des thèmes au préalable (par exemple : faire sa biographie) ou simplement se laisser aller au plaisir de la composition.

Faisons des listes

Pour nous faciliter la vie, rédigeons des listes. De nombreuses situations s'y prêtent parfaitement : lorsque nous n'allons pas bien, listons ce qui ne va pas, puis ce que nous souhaitons et enfin ce que nous devons faire pour que les choses changent.

En mettant à plat ce qui encombre notre esprit, nous créons l'espace nécessaire pour y voir plus clair. Cette technique peut s'appliquer à de nombreux domaines (liste des peurs, des chagrins, des gens qui me font du mal, des amours, des succès, etc.).

À RETENIR

Soyons positifs

Pour demeurer optimistes, sachons transformer nos pensées négatives. Trouvons la phrase qui va nous permettre de changer notre point de vue.

L'auto-évaluation

Nous avons besoin, périodiquement, de faire le point et de nous livrer à une introspection pour modifier une situation, résoudre un problème ou faire le point avec nous-mêmes. En écrivant ce qui nous pose problème, nous trouvons la solution.

Les différentes formes d'écriture

Nous pouvons adopter l'écriture libre ou le mind mapping ou encore les listes : tous les procédés sont bons pour comprendre ce qui se passe en nous.

Visualisons

La pratique de la visualisation permet d'avoir confiance. Mais nous devons croire en son efficacité.

Éveillons-nous avec les contes

Accueillons les contes comme les enfants : avec simplicité et innocence. Ils nous enseignent l'amour et la vie.

À faire régulièrement

« Savoir et ne pas agir, c'est ne pas savoir. »

Dicton chinois

Témoignage

« J'ai établi une règle de vie pour vivre le plus possible en accord avec moi. Je m'accorde deux heures chaque matin. J'essaie de m'y tenir même si parfois les circonstances ne sont pas favorables. Je me lève tôt. Cela me permet de profiter du silence de la maison : tout le monde dort encore. J'ai aménagé une pièce en bureau-salon de repos. C'est là que je m'installe chaque matin pour me relaxer. Je mets une musique appropriée, je m'assois sur une chaise, le dos bien droit. Je ferme les yeux et je me concentre sur la musique. Je reste ainsi environ vingt minutes. Parfois, j'ai tendance à m'assoupir si je suis fatiguée mais je m'efforce de demeurer présente. Ensuite, je fais des mouvements de taï chi chuan pendant environ trente minutes. Après cette séance, je suis vraiment centrée et prête à démarrer la journée. J'entends les enfants qui se lèvent et le défilé dans la salle de bains commence. Je prépare le petit déjeuner pour toute la famille. Pendant que mon mari et mes enfants mangent, je file dans la salle de bains. Lorsque j'en ressors tout le monde s'apprête à partir. Je les embrasse. La porte se referme et là, c'est un moment délicieux. Je suis seule pour déguster dans le calme mes tartines et mon thé. Ensuite, je peux partir, à mon tour, au bureau.
Je me fais plaisir régulièrement. J'adore passer une heure dans le rayon développement personnel d'un grand magasin. J'en profite aussi pour écouter des musiques que je ne connais pas. Une fois par semaine, je vais à un cours de taï chi. Depuis que j'ai découvert

cette discipline, je me sens vraiment bien. Cela m'a transformée. Je suis désormais extrêmement présente. Je vais souvent à des conférences concernant la spiritualité. J'ai découvert récemment des cours d'initiation à la méditation que je vais bientôt tester. J'aime apprendre. Une journée sans sourire est une journée gâchée : je veille à trouver des prétextes à rire. Et j'en trouve tous les jours, heureusement. J'essaie de vivre le plus pleinement possible.
Parfois, je fais des choses un peu bêtes, histoire de rire davantage. J'aime bien les boutiques de jouets. J'essaie tous les articles qui émettent des sons ou de la musique. J'appuie sur le ventre du bébé qui pleure, j'enclenche le programme d'une poupée qui chante, j'essaie le xylophone. Bref, je m'amuse comme une gamine. Cela me fait du bien même si les clients me regardent parfois avec un œil désapprobateur ou consterné. »

Valérie, 42 ans

Un peu de théorie

Instaurons un rituel matinal

Essayons d'élaborer un rituel journalier destiné à nous consacrer du temps. Ainsi Valérie se livre tous les jours à la relaxation et au taï chi. Elle a fait en sorte de prendre son petit déjeuner seule. Il s'agit de trouver des tâches qui nous relient et nous fassent du bien. Ce rituel doit être personnel. Certains voudront se livrer à une série de mouvements corporels, d'autres souhaiteront écrire pendant vingt minutes. L'idéal est de le faire chaque matin car l'objectif est de démarrer la journée en nous faisant du bien.

Chaque journée doit nous permettre de rire

Veillons à ce que chacune de nos journées soit joyeuse. La vie est beaucoup plus légère si nous rions. Le rire se cultive tout comme l'optimisme. Tenons-nous prêts à saisir les occasions de rire ou de sourire. Lorsque la journée commence avec un beau ciel bleu, réjouissons-nous. Rire fait partie d'une attitude de vie.

Faisons-nous plaisir

Prenons soin de nous en nous choyant, comme nous ferions avec un enfant. Ayons la même attention bienveillante, chaleureuse et aimante envers nous. Nous avons envie de suivre des cours de poterie. Faisons-le. Accordons-nous régulièrement du plaisir : offrons-nous des petits cadeaux, organisons des escapades solitaires pour découvrir des endroits qui n'émerveillent que nous, sachons nous gâter et nous dorloter. Nous le méritons !

Ne nous prenons pas au sérieux

Adoptons l'esprit de dérision. Il nous permet de prendre du recul sur les événements. Il nous simplifie la vie en la rendant plus légère.

Cultivons notre esprit enfantin

Prenons cinq euros et achetons-nous des choses stupides qui réjouissent notre âme d'enfant : des bonbons, des étoiles, des anges, des colliers, etc. Autorisons-nous à faire des choses que nous aimerions faire mais que ne faisons pas.

Enrichissons notre spiritualité

Il peut être utile d'avoir sur soi un petit carnet pour noter ce qui nous nourrit. Par exemple, nous remarquons une annonce pour une conférence qui nous intéresse. Nous n'avons pas envie d'assister à la conférence mais le thème nous intéresse. Inscrivons-le dans notre carnet. Nous chercherons plus tard des ouvrages sur ce sujet. Une nouvelle revue parlant du cerveau paraît. Procurons-nous le premier numéro. Peut-être déciderons-nous par la suite de nous abonner. Des ateliers sur la médiumnité ont lieu. Inscrivons-nous s'ils nous intéressent. Ouvrons-nous. Soyons curieux. Enrichissons-nous.

Vidons nos armoires

À chaque changement de saison, faisons le tri dans nos armoires : jetons ce qui est usé. Donnons ce que nous ne porterons plus, ce qui ne nous va plus. Comme le conseille Dominique Loreau [1], trouvons notre style et arrêtons de suivre les modes. Optons pour la simplicité et des tenues dans lesquelles nous nous sentons bien.

Mettons de l'ordre dans nos têtes

Notre esprit n'est pas toujours en ordre et nous le savons. Regardons ce qui nous dérange. Établissons une liste de choses qui ne vont pas : les émotions par exemple. Dressons la liste des émotions qui nous font souffrir. Quelles sont les choses ou les pensées qui provoquent ces émotions ? Établissons la liste. Faisons le bilan.

Notre aptitude à lâcher prise

Avons-nous encore des liens nous empêchant de lâcher prise ? Voici une liste de questions pour nous en rendre compte :

- Notre attitude correspond-elle à notre intention ?
- Voulons-nous agir sans réussir à le faire ?
- Souhaitons-nous arrêter d'agir et ne pas y parvenir ?
- Avons-nous tendance à imposer ? à contrôler ?
- Écoutons-nous les autres ?
- Avons-nous peur ?
- Jugeons-nous les autres ?
- Écoutons-nous nos émotions ?

(1) Dominique Loreau, *L'Art de la simplicité. Simplifier sa vie, c'est l'enrichir*, Éditions Robert Laffont, 2005.

À RETENIR

Consacrons-nous régulièrement du temps

Nous avons besoin de nous centrer pour pouvoir vivre dans le moment présent. Efforçons-nous de planifier un moment de la journée pour nous sentir reliés.

Les bienfaits du rire

Le rire est bon pour la santé, c'est reconnu. Saisissons les opportunités de rire pour notre bien-être personnel.

Prenons soin de nous

Nous devons veiller à nous faire plaisir régulièrement, d'une part pour garder le moral et d'autre part pour être attentifs à nous. Il est nécessaire de nous respecter.

Cultivons l'humour et la dérision

Ne nous prenons surtout pas trop au sérieux. Sommes-nous si importants que cela ?

Notre enfant intérieur

Écoutons la part enfantine qui réside en nous et livrons-nous de temps en temps à des activités ludiques. Veillons à aiguiser notre curiosité pour pouvoir apprendre et nous sentir plus riches.

Recherchons la simplicité

Faisons le ménage régulièrement dans nos armoires et dans nos têtes. Allégeons-nous.

Conclusion

Nous en savons désormais un peu plus sur le lâcher-prise. Il s'effectue étape par étape, c'est pourquoi nous pouvons reprendre à tout moment la lecture de ce guide lorsque nous devons franchir un nouveau stade ou lorsque nous en ressentons le besoin.

Nous pouvons certes avoir envie de laisser de côté, momentanément, toutes les notions décrites dans ce guide. Il faut parfois un temps pour digérer l'information. Puis, le moment arrive où nous le reprenons, parce que nos tentatives de lâcher-prise ne sont pas parfaites et que nous ressentons le besoin de nous perfectionner. Nous pouvons alors approfondir les aspects que nous avons survolés lors de notre première lecture. Nous pouvons lire et relire ce guide autant de fois que nous le souhaitons. Il est destiné à nous accompagner à lâcher prise. Il nous aide à nous diriger, en toute confiance, là où nous devons nous rendre.

En guise de conclusion, voici les dernières recommandations. Appliquons le lâcher-prise : nous pouvons dès à présent, si ce n'est déjà fait, mettre en pratique les principes du lâcher-prise contenus dans ce guide. Rien ne vaut l'expérimentation. La lecture est nécessaire mais la pratique demeure incontournable. Si nous ne savons pas où commencer, cela n'a pas d'importance. Commençons là où nous sommes. Exerçons notre vigilance quotidiennement : essayons d'appliquer les techniques au quotidien. Plus nous pratiquons, plus nous apprenons et plus nous évoluons.

Cultivons l'instant présent : vivre le moment présent est un peu ardu au début, mais c'est la voie qui mène au lâcher-prise. Elle est incontournable. Décidons de lâcher prise : nous devons décider de lâcher prise pour y arriver et nous y engager.

La solitude : prenons le temps d'être avec nous-mêmes, pour nous connaître, nous aimer et trouver la tranquillité. Essayons de planifier une demi-journée, une soirée voire même juste une heure pour passer un moment avec nous-mêmes. Provoquons le bonheur : sachons apprécier la vie pour qu'elle nous rende la pareille. Le bonheur se déclenche et s'entretient. Soyons optimistes : soyons confiants et efforçons-nous de demeurer positifs, quoiqu'il arrive.

Résultats des tests

Acceptez-vous le changement ?

Quelle est votre attitude face au changement ? Vous crispez-vous dès qu'il arrive ? Êtes-vous plutôt résigné ? Ou êtes-vous du style à l'accepter les bras ouverts ?

Vous avez une majorité de A : vous essayez de l'anticiper

Vous êtes quelqu'un qui a les pieds sur terre : vous savez que le changement est inévitable dans la vie, et de fait, vous essayez toujours de l'accueillir en étant bien préparé. Vous tentez, ainsi, de l'anticiper, pour qu'il soit moins un changement qu'une évolution que vous avez mis vous-même en marche : cela vous permet de mieux l'accepter, en vous donnant l'impression de le contrôler. Mais le changement est chez vous quelque chose que vous acceptez plus par résignation que par véritable goût, et l'anticiper ne vous empêche pas de le subir, quelque fois difficilement. Vous aimeriez que certaines choses ne changent pas, pour ne pas avoir toujours à réfléchir sur la meilleure façon de le gérer : c'est épuisant ! Essayez donc de ne pas vouloir anticiper sur tout, et peut-être pourrez-vous profiter pleinement des bonnes surprises. Et puis, cela vous évitera aussi des angoisses et des soucis supplémentaires !

Vous avez une majorité de B : vous n'aimez pas changer !

Le changement est pour vous une source d'angoisses, peut-être parce que vous avez peur de ne pas savoir comment y faire face. Cela peut être une question de confiance en soi : vous avez peur de ne pas avoir le temps ou les capacités de vous adapter à tout, peut-être parce que vous sous-estimez vos compétences. Prenez conscience de votre valeur et de toutes les qualités que vous avez développées tout au long de votre vie. Faites appel à vos ressources intérieures, en essayant de vous rappeler des situations auxquelles vous vous êtes adapté sans problème : quelles sont les compétences que vous avez utilisées alors, et comment utiliser les mêmes compétences pour gérer de nouveaux changements ? Pensez que le mot *changement* n'est pas forcément synonyme de perte, et que ce n'est que votre vision des choses qui rend ce changement si anxiogène. Considérez-le comme un élément d'évolution, inhérent à notre condition.

Vous avez une majorité de C : vous aimez et désirez changer !

Vous prenez le changement avec beaucoup de philosophie. Mieux encore, vous aimez le changement, car cela vous prouve que vous êtes bien en vie ! Vous êtes un peu la version optimiste du premier profil : selon vous, changer est non seulement inévitable, mais aussi fortement souhaitable, et il n'est pas toujours utile de l'anticiper : il faut rester ouvert aux bonnes surprises. D'ailleurs, vous ne comprenez pas les personnes qui se vautrent dans une douce nostalgie : ils perdent du temps et restent liés au passé inutilement. Pour vous, se rappeler les bons vieux souvenirs peut être agréable, mais vous savez aussi que le temps fait son effet sur certains événements, et que l'on oublie inconsciemment certaines choses négatives, pour ne se rappeler que des bons souvenirs. Ce qui est plutôt utile, mais trompeur : vous êtes, vous, bien content d'avoir évolué, et le meilleur est encore à venir, vous en êtes persuadé !

Votre attitude face aux problèmes

Nos réactions face aux difficultés sont souvent significatives : êtes-vous du style à les fuir pour ne plus y penser, ou au contraire à être complètement obsédé par elles ?

Vous avez une majorité de A : vous réagissez par l'action
Pour vous, les problèmes ont forcément une solution, il vous suffit donc de la chercher pour les régler. Cette vision plutôt optimiste de la vie vous a peut-être déjà été reprochée (on vous a reproché votre naïveté par exemple, ou votre manque de réflexion), mais vous tenez à cette philosophie car elle a selon vous déjà fait ses preuves. Ainsi, vous n'êtes pas du style à vous appesantir sur les difficultés de votre vie : vous cherchez directement comment les régler. Il est vrai que vous pouvez ainsi vous engager sur certains projets de façon parfois impulsive, et que vous ne prenez pas toujours le temps de réfléchir à toutes les conséquences, mais vous vous dites qu'au moins vous avez essayé d'agir. Ne changez pas votre philosophie : en effet, agir nous empêche de trop penser de façon négative. Veillez seulement à bien penser aux implications de vos actions… avant de vous engager dans vos projets !

Vous avez une majorité de B : vous avez tendance à (trop) réfléchir !
Vous avez en effet tendance à vous appesantir un peu trop longtemps sur vos problèmes, et à réfléchir un peu trop longuement avant de vous décider à agir : peut-être espérez-vous que le problème se réglera de lui-même, ou du moins sans votre intervention ! Mais cela vous amène souvent à dramatiser certaines choses à l'extrême : à force de penser à certaines difficultés, on se laisse parfois envahir par elles, et on finit par manquer d'objectivité. Cette attitude amène aussi son lot d'émotions négatives : angoisse de ne pas faire le bon choix, colère entretenue à coups de pensées négatives, tristesse de ne pas avoir agi avant… Le bon côté, c'est que vous allez en général au bout des choses quand vous avez décidé d'agir. Essayez de vous fier peut-être un peu plus à vos intuitions, car votre intellect vous amène souvent, finalement, aux mêmes conclusions qu'elles, mais plus lentement !

Vous avez une majorité de C : vous avez tendance à fuir
Avez-vous tendance à abandonner la partie dès que la difficulté augmente ? Peut-être est-ce dû à un certain manque de confiance en vous : la peur de réussir, ou de ne pas réussir d'ailleurs, la peur de devoir se mettre en danger et de montrer ses faiblesses… Ou peut-être la vie ne vous a-t-elle pas vraiment préparé aux difficultés : vous avez toujours tout réussi du premier coup. Toujours est-il qu'au moindre coup dur, on vous voit faire machine arrière et vite passer à autre chose. Ici encore, cette attitude peut-être positive dans certains cas : elle permet par exemple de ne pas vous acharner sur des causes perdues d'avance. Mais cela vous empêche aussi peut-être de vous réaliser pleinement. Interrogez-vous sur vos priorités, sur ce qui vous rendrait heureux, et engagez-vous moralement à essayer d'aller jusqu'au bout pour satisfaire ces besoins. Vous verrez que vous en retirerez beaucoup de contentement !

Dans quel temps vivez-vous ?

Quelle partie de votre vie vous définit le plus ? Quel est votre regard sur votre histoire personnelle, quelles sont ses implications sur le présent et sur votre avenir ?

Vous avez une majorité de A : vous êtes tourné vers le passé

Attention, cela ne veut pas dire que vous êtes un réactionnaire ultra-conservateur ! Seulement, le passé est très important pour vous : il définit ce que vous êtes devenu. De fait, vous faites toujours attention à bien tirer les enseignements de vos erreurs passées, et cela vous sert chaque jour. Mais cette tendance à vous réfugier dans votre histoire, et à expliquer toutes vos actions à travers elle peut aussi entretenir des sentiments comme la culpabilité, les regrets, ou encore une certaine nostalgie. S'il est vrai que le passé forge en partie au moins nos personnalités, cela ne veut pas dire que l'on ne peut pas changer. Le pardon est quelquefois nécessaire, que ce soit envers les autres ou envers soi-même. Profitez du présent, n'hésitez pas à essayer de nouvelles choses, à rencontrer de nouvelles personnes car à trop triturer le passé, on finit parfois par se figer, en quelque sorte.

Vous avez une majorité de B : vous avez les pieds dans le présent

Vous au moins avez parfaitement compris la devise bien connue : « Carpe diem. » Et vous prenez même cela très au sérieux : profiter de l'instant présent est pour vous une vraie philosophie de vie. De fait, vous avez un côté très « rafraîchissant », assez casse-cou (si vous devez mourir, maintenant ou demain…), et très optimiste (à la limite du « je-m'en-foutisme » même…). Mais, attention : à force de vouloir profiter du présent, vous ne faites aucun cas de votre corps (le côté « no future », c'est bien à 20 ans, mais à 40, on s'en remet moins bien…). De même, vous vous retrouvez assez souvent dans le rouge, financièrement, par exemple. Et si vous retrouvez facilement du travail actuellement, ce ne sera peut-être pas la même chose dans quelques années ! Profiter du présent ne signifie pas forcément faire n'importe quoi : cela signifie surtout savourer les plaisirs qui se présentent. Mais de là à tous les essayer !

Vous avez une majorité de C : vous êtes tourné vers le futur

Vous êtes tourné vers le futur, et paradoxalement, cela vous met vraiment les pieds sur terre… En effet, le futur peut avoir un côté grisant, mais aussi et surtout un côté angoissant. Une personne qui pense constamment au futur peut ainsi, pour préserver toutes ses chances d'avoir un avenir radieux, faire une croix sur son présent. Car si l'on veut réussir, il faut travailler d'arrache-pied, économiser de l'argent au cas où, limiter les sorties et être amoureux de la personne qui pourra devenir un grand-parent potable… Vous vous mettez donc beaucoup de soucis en tête avant même de devoir réellement y faire face ! Sachez donc qu'anticiper c'est très bien, mais cela ne doit pas vous empêcher de profiter de l'instant présent. Car, dans le futur, le présent, c'est le passé, et ce n'est pas dans le futur qu'il faudra regretter de ne pas avoir assez profité du moment présent… qui sera alors passé. Compris ?

Que montrez-vous de vous ?

Êtes-vous du style à défendre vos opinions avec rage et engagement, ou attendez-vous de sentir le vent avant de vous exposer ? Êtes-vous discret, réservé ou spontané ?

Vous avez une majorité de A : vous montrez tout !

Pour vous, l'authenticité est une des valeurs les plus importantes à respecter. Être soi, respecter sa vraie nature, dire la vérité sont trois choses que vous avez parfaitement intégrées. Ainsi, vous êtes d'une spontanéité très rafraîchissante, et vous ne calculez jamais l'effet que vous voulez faire aux autres, qui est pourtant un effet bœuf la plupart du temps ! Vous avez le chic pour dire tout haut ce que les autres pensent tout bas, et du coup, on vous utilise parfois comme porte-parole, ce qui n'est pas sans provoquer quelques remous. En effet, votre franchise sans concession est parfois perçue comme un grossier manque de tact, voire parfois de la méchanceté gratuite, même si les gens qui vous connaissent savent que vous êtes seulement très entier. Peut-être y gagneriez-vous à nuancer vos propos ou du moins à choisir les personnes à qui vous parlez franchement. Certaines personnes sont plus fragiles que vous…

Vous avez une majorité de B : vous en montrez le moins possible !

Vous avez toujours tenu à être très discret sur vos opinions, votre vie privée, ce que vous aimez ou ce que vous n'aimez pas. De fait, certaines personnes pensent sûrement que vous êtes quelqu'un d'assez manipulateur, à ne jamais vraiment dire ce que vous pensez vraiment. Mais, pour vous, ce n'est pas de la dissimulation, c'est d'abord le respect de l'autre (vous n'aimez pas créer des conflits inutiles, mais vous n'aimez pas vraiment mentir non plus), mais aussi le respect de vous-même ! Tout le monde n'a pas besoin de savoir à quel âge vous avez perdu votre virginité ou ce que vous avez mangé la veille, donc vous préférez le garder pour vous. Seuls quelques proches chanceux vous connaissent vraiment, et ils sont rares ! Attention cependant à ne pas confondre respect et condescendance, parce que les autres ne seront peut-être pas aussi discrets quand il s'agira de dire ce qu'ils pensent de vous.

Vous avez une majorité de C : vous montrez le meilleur (si possible !)

Vous êtes au fond, quelqu'un de très bien, et de tout à fait normal, en plus (ouf !). Vous savez que la franchise à 100 % n'est pas forcément la meilleure solution, surtout si elle s'accompagne d'un tact assez discutable. Vous vous y êtes déjà brûlé les ailes, et il est hors de question de recommencer ! Ainsi, vous essayez de ne pas blesser les gens par des propos trop francs : vous préférez choisir la tranquillité, en disant plutôt ce que les autres ont envie d'entendre, même si cela vous demande de faire quelques arrangements avec la vérité. D'ailleurs, qu'est-ce que la vérité, pensez-vous ? Chacun a la sienne ! Bref, vous donnez votre avis seulement quand vous pensez qu'il sera entendu et pris en compte. Certaines personnes ne sont pas prêtes à entendre certaines choses, parce qu'elles sont trop fragiles ou trop butées, et vous préférez ne pas prendre de risques inutiles. Attention à ne pas tomber dans l'hypocrisie !

Quel type de colère vous caractérise ?

Êtes-vous du style à laisser éclater votre colère sur le moment, ou l'accumulez-vous jusqu'à saturation et explosion ? À moins que vous ne sachiez bien gérer vos émotions...

Vous avez une majorité de A : vous êtes un colérique explosif

Au moins, avec vous, on sait à quoi s'en tenir : quand quelque chose vous tracasse, il ne faut pas être fin psychologue pour vous sortir les vers du nez ! Vous dites tout et n'importe quoi sans prendre de gants le plus souvent, ce qui vous met parfois dans des situations délicates : par exemple, au volant, mieux vaut ne pas vous griller la priorité ! L'avantage, c'est que vous expulsez votre émotion et que, une fois la crise terminée, vous redevenez tout à fait normal… L'inconvénient, c'est que les autres doivent encaisser vos coups de sang et ne pas vous en vouloir quand vous revenez leur dire « bonjour », tout sourire (pour vous, c'est terminé, vous avez dit ce que vous aviez sur le cœur !)… ce qui est quasiment impossible. Essayez donc de prendre du recul, et demandez des explications avant de partir sur les chapeaux de roues. Des colères pourraient être évitées si vous écoutiez les autres jusqu'au bout !

Vous avez une majorité de B : vous êtes une bombe à retardement

Vous, vous cachez bien votre jeu ! Ceux qui ne vous connaissent pas très bien louent votre maîtrise et votre sang-froid, sans se douter peut-être que ce calme apparent cache souvent une énorme frustration. En effet, vous laissez très rarement éclater votre colère, ce qui est bien, mais vous prenez tout sur vous, ce qui est très mal ! En effet, si vous n'exprimez jamais votre colère et la laissez s'accumuler en vous, rien d'étonnant à ce que vous vous dévalorisiez fréquemment, ou que vous transfériez toute cette colère sur d'autres personnes ou sur des objets. Apprenez donc à exprimer votre colère au lieu de la garder. De plus, vous avez l'avantage de savoir maîtriser vos émotions : vous savez donc prendre du recul pour choisir vos mots et ne pas vous emporter. Au pire, exprimer votre colère par écrit peut aussi être un palliatif efficace : le tout étant de la sortir pour qu'elle ne vous ronge pas de l'intérieur.

Vous avez une majorité de C : vous avez des colères assez saines

En fait, vous vous mettez rarement en colère. Mais ce n'est pas parce que vous la gardez en vous pour nourrir votre frustration et votre manque de confiance en vous. Au contraire, vous essayez au maximum de l'exprimer, mais de la façon la plus saine possible : en gardant votre calme et en privilégiant le dialogue. Évidemment, vous devez, à la base, avoir un caractère assez serein, pour prendre autant de recul sur les choses, ou alors vous avez fait un travail admirable sur vos émotions. Bravo ! Vous avez compris que verbaliser sa colère sans agresser forcément l'autre était certainement la meilleure solution pour obtenir réparation, et vous vous connaissez suffisamment pour savoir exactement quand vous ne vous maîtrisez plus. Du coup, dans ces cas-là, vous préférez vous isoler, prendre l'air ou retarder les explications pour ne pas être dépassé. Continuez ainsi, et vos colères seront de plus en plus rares.

Êtes-vous sujet aux angoisses ?

Nous avons tous des angoisses, mais nous les gérons de différentes manières : certains arrivent à lâcher prise facilement, d'autres gèrent leurs angoisses par d'autres moyens.

Vous avez une majorité de A : vous avez tendance à ruminer

Le lâcher-prise, vous savez vaguement ce que cela signifie en théorie, mais côté pratique vous êtes très loin du compte ! Vous êtes quelqu'un d'assez voire très anxieux : chez vous, les angoisses se concrétisent par des pensées obsédantes, qui vous empêchent par exemple de dormir ou de vous concentrer. De plus, votre tendance à dramatiser et à vous inquiéter au moindre événement inattendu fait de vous une personne assez stressante pour votre entourage, finalement, ce dernier passant son temps à essayer de ne pas augmenter votre stress. Et quand tout va bien, vous pensez déjà au grain de sable qui va enrayer cette belle mécanique. Il va falloir apprendre à être plus optimiste, et à modifier votre vision des choses ! Honnêtement, le fait de paniquer pour une peccadille vous avance-t-il vraiment ? Ne vaudrait-il pas mieux que vous attendiez d'être certain du pire, avant de vous ronger les sangs (et les ongles) ?

Vous avez une majorité de B : vous compensez par l'hyperactivité

Vous savez que vous avez tendance à angoisser, mais votre parade est très simple pour vous empêcher de céder à la panique : vous faites tout votre possible pour anticiper, contrôler, cadrer, surveiller et maîtriser tout votre environnement, de façon à ce que rien ne puisse enrayer la machine. Vous ne laissez aucune place à la surprise, à l'improvisation. De fait, vous êtes quasi hyperactif : vous travaillez tout le temps et vous ne vous laissez aucun temps mort, même en vacances. Résultat : vous n'avez peut-être pas l'impression d'être stressé, mais le stress est en quelque sorte chronique chez vous (c'est pourquoi vous ne le remarquez plus !). Vous êtes souvent fatigué, mais vous compensez votre manque ponctuel d'énergie (car vous êtes un monstre d'énergie) par une nervosité sans égale : vous tenez « grâce aux nerfs » comme on dit… Pensez donc à prendre des moments pour vous, de temps en temps, pour vous délasser.

Vous avez une majorité de C : vous lâchez prise rapidement

Votre expérience du lâcher-prise a l'air impressionnante, c'est à se demander ce que vous faites avec ce livre dans les mains ! Vous semblez ne laisser aucune prise aux angoisses justement : tout semble glisser sur vous comme sur l'eau vive. Attention cependant, cela ne veut pas dire que vous n'avez aucune angoisse, mais il est vrai qu'elles prennent rarement racine dans vos pensées, car vous savez vous détendre correctement. De fait, vous connaissez vos limites et ne vous inquiétez pas outre mesure une fois que vous avez fait votre maximum, ce qui vous évite nombre d'insomnies, contrairement à d'autres. Vous essayez de vivre chaque moment en l'utilisant au mieux : ainsi, vous séparez le plus possible vie privée et professionnelle, pour mieux profiter des deux, et sans laisser l'une gâcher l'autre. Félicitations ! Continuez à gérer les imprévus avec calme et sérénité, car vous savez qu'on ne peut tout contrôler !

Quelles sont vos relations avec vos parents ?

Avez-vous réussi à vous détacher des conflits qui vous opposaient à vos parents ? Avez-vous des relations d'adulte à adulte ou vous sentez-vous encore enfant avec eux ?

Vous avez une majorité de A : vous avez de bonnes relations

Bon, ce n'est pas avec vous que Mireille Dumas va faire de l'audimat... En effet, vous avez eu une enfance assez banale, raisonnablement heureuse, avec des parents tout à fait ordinaires ! Après une adolescence torturée, vous avez, comme beaucoup d'ados, eu des conflits générationnels avec vos parents : « Vous ne me comprenez pas, etc. » Et puis, en prenant de l'âge, vous vous êtes aperçu qu'ils ne s'étaient pas si mal débrouillés finalement, faisant de vous une personne relativement équilibrée. Et puis, peut-être vous apercevez-vous aussi que ce n'est pas si facile d'être parents ! Vous êtes maintenant capables de parler entre adultes sur à peu près tous les sujets : les histoires de famille, la politique, votre passé... Bref, vous avez pris du recul sur l'éducation que vos parents vous ont donnée et sur les éventuels conflits que vous avez eus et vous êtes finalement aperçu que n'aviez rien à leur prouver !

Vous avez une majorité de B : vous avez besoin d'autonomie

Vos parents ont sûrement eu une grande influence sur vous, et vous avez, par le passé, cherché à leur plaire, à suivre leurs traces pour qu'ils soient fiers de vous. Par exemple, vous avez suivi les études qu'ils vous avaient conseillées, ou vous avez travaillé avec eux dans la perspective de reprendre leur affaire. Mais vous vous êtes aperçu que cela ne vous rendait pas heureux, et que le modèle que vos parents vous proposaient n'était pas, finalement, celui que vous aviez envie de suivre. Peut-être vos parents ont-ils eu du mal à accepter ces changements, surtout si votre prise de conscience a été soudaine ou tardive. En d'autres termes, il semble que vous nous fassiez une adolescence à retardement ! Tout cela va s'aplanir, une fois que vous aurez trouvé votre voie. Votre cheminement personnel prendra alors tout son sens, et nul doute que vous remercierez alors vos parents pour tout ce qu'ils vous ont donné !

Vous avez une majorité de C : des conflits restent non réglés

Les relations avec vos parents ne sont pas au beau fixe, et souffrent encore d'un certain manque de dialogue : peut-être êtes-vous extrêmement différent d'eux, ce qui vous amène à penser qu'ils ne vous comprennent pas. Peut-être aussi avez-vous l'impression qu'ils ne vous ont pas donné tout ce à quoi vous aviez droit en tant qu'enfant. Il est vrai que les relations de famille sont souvent très complexes : l'amour peut virer à la haine rapidement, ces deux sentiments étant d'une égale intensité. Si vous ne supportez pas de les voir, ne vous sentez pas obligé de le faire : lâcher prise, c'est aussi savoir ne pas se faire du mal. Essayez cependant de faire en sorte qu'ils comprennent vos griefs, en parlant franchement avec eux. Leur dire ce que vous pensez vous soulagera, et vous leur donnerez au moins l'occasion de se défendre... Car ils ne comprennent peut-être pas pourquoi les relations sont si tendues avec vous.

Vous et votre ego

Quel rapport entretenez-vous avec votre amour-propre ? Vous aimez-vous assez, trop ou trop peu ? Et quelles sont les conséquences sur votre capacité à lâcher prise ?

Vous avez une majorité de A : votre ego est bien mal en point
Allons, allons : il faut reprendre confiance en vous ! Votre ego n'est pas très développé : il n'a pas été suffisamment nourri : donc, soit vous ratez tout ce que vous faites (ce qui est, honnêtement, impossible), soit vous avez tendance à vous dévaloriser à outrance. Attention ! Car un ego trop surdimensionné peut être handicapant, mais le manque d'ego peut aussi être une faille très déstabilisante. De fait, il est très facile de vous déstabiliser : vous vous effondrez à la moindre remarque et avez tendance à vous remettre en cause systématiquement, alors même que vous n'êtes pas forcément en faute. Alors, le lâcher-prise, chez vous, c'est surtout l'ouverture des vannes à larmes : quand vous vous lâchez, c'est souvent pour faire des reproches… à vous-même ! Essayez de vous affirmer un peu plus, et éloignez-vous des personnes qui vous critiquent. Cela ne vous apporte rien, et vous enfonce plus qu'autre chose.

Vous avez une majorité de B : votre ego se porte à merveille
Au moins, vous êtes heureux : vous ne vous posez pas de questions métaphysiques sur la façon dont vous vous comportez avec les autres : ils sont contents, tant mieux, ils ne sont pas contents, tant pis pour eux ! En effet, votre premier souci (et ce n'est pas « mal » !), c'est déjà d'être heureux ; si tout le monde faisait la même chose, il y aurait moins de gens malheureux ! En revanche, le revers de la médaille est que vous ne prenez que rarement les sentiments des autres en considération, surtout s'ils ne vont pas dans votre sens. Vous considérez que vous devez vous aimer, avoir confiance en vous, et c'est tout à votre honneur, mais pensez que cela ne doit pas se faire au détriment des autres, car certaines personnes sont déjà très fragiles, et un rien peut vraiment les faire plonger. Essayez donc de faire un peu plus attention aux émotions des autres, et vos relations en seront certainement facilitées !

Vous avez une majorité de C : vous vous méfiez de votre ego
Vous détestez les gens qui montrent un peu trop leur amour-propre, ou qui se laissent diriger par lui : ce sont pour vous des égoïstes sans cœur. Vous seriez plutôt du côté de leurs victimes, même si vous ne comprenez pas toujours pourquoi elles se laissent faire : vous avez même envie de les secouer parfois ! Pour vous, l'ego est une illusion, une tromperie : vous cultivez l'authenticité, la franchise, le respect, même si ce n'est pas facile tous les jours, mais vous continuez le travail sur vous-même, jusqu'à vous délester complètement de tout ego superflu. Attention cependant à ne pas tomber dans l'excès inverse : quelquefois, l'excès de vertu peut en effet confiner à l'intolérance, ou encore à un certain élitisme. Au lieu de lutter contre votre ego tout le temps, essayez de vous centrer sur ce qui vous fait plaisir (tout en respectant les autres, évidemment) : les autres comprendront mieux votre démarche.

Quel créatif êtes-vous ?

La créativité peut s'exprimer différemment selon chaque sensibilité. Même quelqu'un de profondément cartésien peut être créatif. Cela n'est pas réservé aux artistes maudits !

Vous avez une majorité de A : le créatif introspectif

Créer, pour vous, c'est avant tout aller au-dedans de soi : sonder les mystères de ses propres émotions, de son histoire et de ses aspirations. En effet, être créatif signifie pour vous opérer une introspection profonde : c'est même quasiment une thérapie ! Ainsi, ce que vous faites vous ressemble, et recèle une grande part de vous-même : on lit souvent votre vie dans vos œuvres, comme dans des albums photos laissés à l'intention des autres. Ces autobiographies déguisées servent ainsi, peut-être, à répondre à certaines questions, à expulser certains sentiments, certaines névroses et angoisses même, pour vous en libérer. En regardant ce que vous faites, que ce soit de la peinture, de l'écriture, ou même de la cuisine, on vous connaît mieux : c'est le moyen que vous privilégiez pour vous révéler. Cette tendance à l'introspection vous porte naturellement vers des arts plutôt calmes, qui demandent beaucoup de réflexion.

Vous avez une majorité de B : le créatif engagé

Engagé, ici, ne s'entend pas comme engagé politiquement, bien sûr. Cela signifie surtout « avoir des messages à faire passer », et « utiliser les médias artistiques, qu'ils soient l'écriture, la peinture, la sculpture ou encore la bande dessinée, pour crier au monde ses croyances, ses combats et les causes pour lesquelles on se bat ». Pour vous, l'art doit être militant : rien ne vous énerve plus que les artistes nombrilistes qui pleurent sur leur sort et se posent des questions existentielles (un peu comme le créatif introspectif). Vous pensez par exemple que l'art devrait être gratuit, que tout le monde devrait pouvoir accéder à des expositions de peinture ou de photographies, plutôt qu'elles soient réservées à une certaine élite cultivée et bien-pensante. Bref, ce que vous pensez, vous le criez haut et fort sur vos toiles, vous n'hésitez pas à choquer, à provoquer. Selon vous, l'art doit faire réagir !

Vous avez une majorité de C : le créatif technicien

Pour vous la créativité, c'est surtout le fait de savoir conjuguer deux verbes qu'on ne conjugue jamais ensemble : c'est le fait d'avoir des idées originales, nouvelles, de faire des associations d'idées ingénieuses, parlantes et signifiantes. Bref, vous êtes un créatif assez conceptuel, mais qui aime quand même s'appuyer sur une technique solide, qui vous rassure, et qui vous aide aussi dans votre démarche créatrice : en d'autres termes, c'est parce que vous avez beaucoup de technique et de connaissances que vous pouvez vous permettre de les détourner pour faire quelque chose de nouveau. Ce qui vous plaît le plus, par exemple, c'est en mettre plein la vue, mais avec quelque chose qui semble très simple (et dont la simplicité cache évidemment une terrible complexité) : c'est-à-dire, faire le maximum d'effet avec le minimum de moyens. Selon vous, les plus grands artistes et créatifs sont souvent les plus ingénieux.

Êtes-vous ouvert à l'inconnu ?

L'ouverture, l'abandon de soi ou encore la confiance en l'autre sont des principes fondateurs du lâcher-prise, contrairement à la méfiance et à la volonté de tout contrôler.

Vous avez une majorité de A : vous n'aimez pas (trop) la nouveauté

Non pas que vous soyez fermé ou hostile à tout ce qui est nouveau, mais il est vrai que si vous avez le choix, vous préférez quand même ce que vous connaissez, car cela vous rassure de vous trouver en terrain connu. Ainsi, vos valeurs sont la fiabilité, la sécurité, la norme… Vous aimez le fait de faire partie d'un groupe bien défini : vous aimez ressentir ce sentiment d'appartenance, qui est d'ailleurs essentiel dans notre vie, ne l'oublions pas. Et puis, au moins, vous avez l'impression de connaître, et donc dans une certaine mesure de contrôler ce qui vous entoure, que ce soit des personnes (vos amis sont tous des amis de longue date, par exemple, ou appartenant à un même groupe) ou des choses (vous aimez les marques anciennes, fiables, et choisissez souvent de prendre l'assurance). Attention cependant, à ne pas fonctionner tout le temps en vase clos, car c'est souvent comme cela qu'on finit par dépérir.

Vous avez une majorité de B : vous êtes tiraillé entre deux pôles

Vous êtes irrésistiblement attiré par la nouveauté, mais peut-être n'osez-vous pas vous l'avouer. On néglige souvent les conflits intra-personnels qui se jouent dans notre propre psyché : une partie de votre personnalité aime ce qui est nouveau, et l'autre campe sur ses bonnes vieilles habitudes. Vous essayez donc de satisfaire les deux parties de votre personnalité : vous vous abandonnez avec méfiance. Ce qui est quand même une gageure ! De fait, vous paraissez assez tiède dans vos avis et vos opinions, car vous ne savez jamais que choisir : vous aimez contrôler les choses, mais vous lâcher de temps en temps, découvrir de nouvelles choses vous rafraîchit également. Vous n'y allez jamais à fond. Alors qu'attendez-vous ? Pensez-vous que vous risquez quelque chose à essayer de nouvelles choses ? Commencez au restaurant, au pire, on vous changera l'assiette ! Vous avez certainement plus à y gagner qu'à y perdre !

Vous avez une majorité de C : vous êtes très ouvert !

Ah !, le vrai aventurier, la vraie tête brûlée que vous êtes ! Pour vous, le mot contrôle vous rappelle les formalités douanières assommantes aux frontières. Vous avez soif d'inconnu, et rien ne vous ennuie plus que le fait de revoir toujours les mêmes têtes, de manger toujours les mêmes choses (malgré quelques mauvaises surprises !), ou de travailler toujours au même endroit. De fait, vous bougez sans cesse, vous disparaissez de temps en temps pour reparaître aussi soudainement. On ne sait jamais ce qui nous attend avec vous, et c'est peut-être le plus perturbant, et, disons-le, le plus gênant. Mais en dehors de cela, c'est un plaisir de discuter avec vous ! Vous ne jugez jamais (vous avez vu des choses tellement bizarres !), et ne refusez jamais un défi. Attention, cependant, à ne pas confondre « exploration de l'inconnu » avec « fuite en avant » : explorer l'inconnu n'empêche pas de s'engager parfois !

Écoutez-vous votre corps ?

Certaines personnes martyrisent leur corps à force de ne pas l'écouter : normal donc qu'il se fatigue rapidement. Le lâcher-prise, c'est aussi savoir prendre soin de sa santé !

Vous avez une majorité de A : votre corps a toute votre écoute

Vous avez en effet une bonne hygiène de vie : non pas que vous vous mettiez en tête d'établir des règles strictes pour garder votre corps en pleine forme, mais vous savez l'entretenir suffisamment pour qu'il ne flanche pas trop. Ainsi, vous essayez de manger sain, à votre faim, ce qui ne vous empêche pas de temps en temps de faire quelques excès : ils seront rattrapés plus tard. De même, quand vous êtes fatigué, vous ne restez pas devant la télévision : pour vous, cela ne sert à rien de lutter contre le sommeil, sauf si l'on veut être de mauvaise humeur le lendemain ! Avec vos émotions, c'est la même chose, vous connaissez très bien l'instant où votre colère devient trop forte pour être contenue correctement, par exemple. Quant au stress, vous en ressentez les effets immédiatement et n'hésitez pas à vous reposer quand vous tirez trop sur la corde. Si tout le monde faisait comme vous, il y aurait moins de malades.

Vous avez une majorité de B : vous n'avez pas le temps de l'écouter

Vous aimeriez bien écouter votre corps, mais en général, celui-ci reste muet devant toutes vos obligations quotidiennes. Ou plutôt il les subit plus qu'il ne les choisit. Côté sport, c'est la même chose : vous en faites quand vous avez le temps, en vacances par exemple, mais vous vous dites souvent que vous devriez en faire plus pour dérouiller vos articulations ou muscler votre dos soumis à rude épreuve par votre quotidien échevelé. Et vous vous retrouvez souvent complètement courbaturé, voire plus (jambe cassée, genoux luxés...), après une journée au ski : votre corps crie ainsi pitié devant tant de barbarie ! Prenez donc le temps de manger et de dormir correctement : vous n'en serez que plus performant et efficace une fois que votre corps sera bien reposé et bien nourri. De même, le sport n'est pas forcément optionnel ! Dites-vous que votre corps est comme un capital, il serait donc idiot de le dilapider.

Vous avez une majorité de C : c'est votre corps qui vous écoute !

Avec vous, votre corps n'a pas le choix : vous le soumettez à des contrôles réguliers et incorruptibles pour vérifier qu'il est bien en état de continuer. Ainsi, vous avez un fort goût de la discipline et beaucoup de volonté : vous contrôlez très exactement ce que vous apportez à votre corps pour qu'il puisse répondre à vos attentes. De fait, vous dormez à heures fixes, et huit heures minimum. Vous mangez sain, bio, équilibré : c'est quasiment le seul critère important pour choisir votre nourriture, quitte parfois à manger des aliments qui ne vous plaisent pas forcément. Chez vous, la raison est plus forte que les envies. De même, pour le sport, vous vous soumettez à une discipline de fer : plusieurs heures de sport sont nécessaires pour que vous vous sentiez en forme et d'attaque. Peut-être pourriez-vous, de temps en temps, laisser à votre corps le temps de se détendre : le plaisir est aussi important que la santé !

Auteurs : Frédérique Van Her (textes) et Marie-Laure Cuzacq (tests)

EDITIONS ESI

60, rue Vitruve, 75020 Paris

Imprimé en République tchèque par Finidr

ISBN : 978-2-8226-0019-4 - N° Sofedis : S493609